LA SAINTE LIGUE,

OU

LA MOUCHE.

TOME SECOND.

IMPRIMERIE DE A. BARBIER,
RUE DES MARAIS S.-G. N. 17.

LA SAINTE LIGUE,

ou

LA MOUCHE,

POUR SERVIR DE SUITE AUX ANNALES DU FANATISME,
DE LA SUPERSTITION ET DE L'HYPOCRISIE.

PAR PIGAULT-LEBRUN,

MEMBRE DE LA SOCIÉTÉ PHILOTECHNIQUE.

TOME SECOND.

PARIS.

BARBA, ÉDITEUR,
PALAIS DE CHARTRES, DERRIÈRE LE THÉATRE FRANÇAIS.
G.-E. BARBA FILS, ÉDITEUR,
RUE DE SEINE, N. 33.

1829.

LA SAINTE LIGUE,

OU

LA MOUCHE.

CHAPITRE PREMIER.

M. de la Moucherie est introduit à la cour.

Nous partîmes, assez satisfaits, les uns et les autres, de n'être plus exposés à batailler, tantôt avec un parti, tantôt avec l'autre. La corne d'abondance était dans un de nos fourgons, et cette précaution donna des idées riantes. Nos vingt-cinq cavaliers s'étaient fait des bottes avec des chiffons de toutes les couleurs, des éperons avec des pointes d'aubépine, et des brides avec des bouts de ficelle. Ils étaient placés, sur leurs bâts, comme doivent l'être des fantassins. Le buste se portait à droite, à gauche; une main ferme saisissait la crinière du cheval, et rétablissait l'équilibre. Quatre cavaliers, exercés et bien montés, eussent passé sur le ventre à notre escorte. Mais, comme l'avait très-exactement observé le père Jean-François, les chemins étaient libres.

Des éclats de rire partaient de la coche de madame. Quand madame rit, ses femmes doivent rire. Ces accès de gaîté étaient causés par la tournure grotesque de nos cavaliers. Bientôt, ils rirent eux-mêmes les uns des autres. Le rire se communique comme le bâillement : Colombe et moi, très-sérieusement occupés, par goût et par habitude, ne pûmes nous retenir plus longtemps. Nous partîmes enfin, et nous complétâmes le chœur général.

On ne peut pas toujours rire. Dans les momens de repos, madame entonnait un cantique de M. Jodelle, seigneur du Limodin, qui venait de mourir, mais dont les œuvres vivront éternellement. Ses femmes faisaient chorus; nos cavaliers chantaient des chansons de corps de garde; Colombe et moi soupirions la tendre romance, ce qui formait un concert très-varié, et surtout très-bruyant.

Nous voyageâmes ainsi, satisfaits du présent, et sans inquiétude de l'avenir. Les maux viennent sans qu'on s'en occupe, sans qu'on puisse les éviter, et il y a de la philosophie à ne pas les prévoir. Nous arrêtions le soir devant la première maison un peu marquante qui s'offrait à nous, et le nom de madame de Biron en ouvrait les portes. Nous arrivâmes enfin au château de Montbason, château gothique, orné de créneaux, de tours, et environné de fossés larges et profonds. On y avait réuni tous les ruisseaux du canton, et les vassaux, habitans à une lieue ou deux sous le château, n'avaient d'eau que lorsque le seigneur jugeait à propos de faire lâcher ses écluses, ce qui est juste, puisque cet usage est consacré par des siècles.

Notre baron avait pensé, avec raison, que le comte ne serait pas chez lui; il était à Blois, et son absence rendait madame de Montbason extrêmement circonspecte. Nous trouvâmes les ponts levés, et nous aperçûmes quelques fusils de rempart que des domestiques dirigeaient contre nous. Il ne s'agissait plus de rire, ni de chanter. Madame de Biron convenait que nos cavaliers ressemblaient plutôt à des voleurs qu'à des soldats. Ils pouvaient, d'ailleurs, être l'un et l'autre ; c'était encore un usage du temps. Il était donc tout simple que madame de Montbason se mît en défense.

Notre baronne assembla son conseil, qui se composait d'elle et de moi. Il fut décidé que je me présenterais en parlementaire, et que j'applanirais les difficultés. Ma tendre Colombe me pressait dans ses bras ; elle voyait autant de canons qu'il y avait de fusils aux créneaux des murailles ; elle me voyait, percé de coups, expirant sur son sein.

Dans le fait, cela pouvait fort bien m'arriver.

Je l'entraînai derrière la coche de madame, où nous étions à l'abri des coups. Là nous tombâmes à genoux, et nous invoquâmes, avec ferveur, l'assistance de mon patron. L'amour et des idées purement mondaines m'avaient, depuis quelques jours, exclusivement occupé. Je lui demandai humblement pardon de ma négligence, et Colombe lui promit un cierge de dix livres, s'il me ramenait auprès d'elle. Ces importans préliminaires ne nous rassurèrent pas; mais ils me donnèrent la force d'avancer vers le château, et à elle celle de me le permettre. Je m'approchai du bord du fossé, mis comme un seigneur, et agitant le mouchoir blanc que madame venait de me remettre. Un esquif, qui ne pouvait porter au plus que deux hommes, se détacha de l'autre bord du fossé, et vint me prendre. Je n'avais que vingt ans, j'étais porteur d'une jolie figure, et mon extérieur annonçait un homme de qualité. Madame de Montbason se rassura en me voyant ; elle sourit, quand je lui nommai madame de Biron, et elle me donna sa main à baiser.

Il fallut faire des conditons ; mais elles furent bientôt réglées. La comtesse consentit, avec joie, à recevoir madame et ses femmes, mais elle déclara, que moi excepté, aucun homme n'entrerait au château : elle n'avait avec elle que douze domestiques. Il fut stipulé que notre escorte et nos valets s'éloigneraient d'un demi-quart de lieue, avant que les ponts fussent baissés, et qu'alors Madame et ses équipages seraient admis.

Je fus reconduit avec les précautions qu'on avait prises pour me recevoir. Colombe me revit, je la retrouvai, et nous rendîmes de ferventes actions de grâces à mon patron, qui m'avait préservé. Nous lui devions un cierge de dix livres, et la difficulté était de le trouver. Si le vœu ne s'accomplissait pas, le grand S. Antoine pouvait nous retirer sa faveur. Comment faire? Nous consultâmes Madame.

Elle trouva le cas très-épineux. Elle pria avec nous, et notre patron nous inspira l'idée de le supplier d'attendre que nous ayons le bonheur de pouvoir remplir notre vœu.

L'exécution de la clause importante exigée par la comtesse, n'éprouva aucune difficulté. L'officier qui commandait notre escorte, répondit de la docilité de sa troupe; mais il demanda que le fourgon qui portait les vivres lui fût abandonné. Il monta, sans attendre de réponse, un des chevaux qui le traînait. Dans un instant, nous perdîmes nos cavaliers de vue. Il était clair que mon patron avait reçu favorablement nos excuses.

J'ai su depuis, que ces braves gens s'étaient dispersés dans la campagne; qu'ils avaient rejoint religieusement monseigneur; mais que leurs chevaux étaient chargés de butin, quand ils se réunirent à lui. Ils avaient trouvé à glaner, après l'abondante récolte faite par Poussanville.

Notre entrée au château fut une espèce de triomphe. La comtesse fit décharger trois fois ses fusils de rempart. Accompagnée de sa dame d'atour et de son écuyer, elle s'avança au-devant de Madame, jusqu'au milieu de la cour d'honneur; elle lui donna des marques de la plus sincère affection, et elle daigna faire des signes de bienveillance à ses femmes. L'écuyer s'approcha de Colombe, et voulut lui donner la main: je me chargeai de ce soin là.

Nous marchâmes vers le château au milieu de deux files de domestiques, dont chacune était composée de six hommes, et nous fûmes conduits au bel appartement.

Les femmes de Madame s'étaient arrêtées dans une antichambre, où elles furent reçues par celles de la comtesse. « M. et Mme de la Moucherie, » dit la baronne, peuvent rester avec » nous : ce sont de pieux personnages, » qui me portent bonheur. » La piété de la comtesse n'était pas aussi solide que celle de madame; mais elle m'avait vu; elle me voyait encore avec intérêt, et il n'est pas dans les convenances de séparer une femme de son mari. Nous fûmes admis, pour la première fois, dans l'intimité de dames d'une haute distinction. Nous nous mîmes à table.

La baronne fut placée au haut bout, cela était tout simple; la comtesse s'assit en face; Colombe et moi, nous occupâmes les flancs. Le majordôme dirigeait le service, d'après les signes de la comtesse.

Elle avait pour madame et pour moi, des attentions marquées, recherchées, soutenues. Elle se plaignit bientôt d'un pied de table qui la gênait, et elle s'approcha de moi; cela était tout simple. Un moment après, je sentis quelque chose qui s'appuyait doucement sur le dessus de mon soulier de buffle. Je regardai sous la table, et je reconnus le pied de la comtesse. Je retirai le mien, je me levai, et je lui adressai mes excuses respectueuses. Quelques minutes ensuite, j'eus le malheur de rencontrer son genou, dont je croyais le mien à une distance convenable. Je me levai de nouveau, et je lui renouvelai mes très-humbles excuses. Madame de Biron sourit ; la comtesse rougit, pâlit. Colombe nous regardait d'un air qui voulait dire : qu'est-ce que cela signifie ? « M. de la » Moucherie, me dit la comtesse, vous » êtes sans cesse en mouvement. Éloi- » gnez-vous un peu, je vous en prie. » — Je vous proteste, Madame.... En » voilà assez, me dit la baronne, ap- » prochez-vous de moi. »

La conversation tombe nécessairement, quand les principaux personnages sont embarrassés, et je remarquai beaucoup d'embarras. Moi, je ne disais rien ; je ne savais pas encore que les inférieurs dussent amuser ceux qui mettent la table. Colombe gardait le plus profond silence.

Madame de Biron le rompit la première. Elle annonça que j'étais porteur de dépêches pour le roi et M. de Guise, et que je partirais le lendemain matin. « Vous ferez bien, Monsieur, me dit » la comtesse, je vous crois plus fait » pour les affaires que pour le grand » monde. » Chacun se retira dans le logement qui lui était assigné.

La baronne me tira à part. « Mon » cher Antoine, il est des femmes qui » ne se respectent pas assez. Un hon-» nête homme doit les ménager; la » charité le lui ordonne. Soyons sé-» vères pour nous-mêmes, et indulgens » pour les autres. Pendant le souper,

» vous vous êtes permis des esclan-
» dres!....— Qu'ai-je donc fait, Ma-
» dame? — Vous n'avez péché que par
» ignorance de certains usages, je le
» vois; mais, mon ami, quand vous
» rencontrerez, sous une table, le pied
» ou le genou d'une femme, n'ayez pas
» l'air de vous en apercevoir. »

Je n'entendais rien à ce que madame me disait. Je la regardais d'un air inquiet, étonné. Elle sentit la nécessité de se faire comprendre. « Ah, c'est
» cela, m'écriai-je! je serai toujours
» Joseph pour toutes les Putiphar que
» je rencontrerai. Moi j'oublierais ma
» Colombe! je lui serais infidèle! je lui
» manquerais à ce point là! Je ne la
» trahirais pas pour la reine Catherine.
» — Je le crois; elle a cinquante ans.

« Il est décidé que vous partez de-
» main. Votre blessure va bien ; vous

» prendrez le meilleur de mes chevaux,
» et vous attacherez vos bagages sur
» vos mulets. Un domestique de la com-
» tesse les conduira. — Et Colombe,
» madame ! — Je vais maintenant vous
» donner un conseil que vous suivrez,
» si vous êtes sage. Vous allez dans une
» cour corrompue, agitée par des par-
» tis qui s'accusent réciproquement de
» toutes les fautes qui se commettent.
» Colombe est très jeune, elle est char-
» mante; on vous l'enlèvera. — Oh
» ciel ! Oh mon patron ! — Et si l'en-
» lèvement fait quelque bruit, au mi-
» lieu des grandes affaires dont on est
» occupé, les royalistes accuseront les
» Guisards, les Guisards accuseront les
» royalistes, et les deux partis se mo-
» queront de vous : c'est le sort des ma-
» ris, victimes de semblables événe-
» mens. — Me séparer de Colombe ! —

» Laissez-la-moi, ou exposez-vous à la
» perdre. — Madame, je ne survivrais
» pas à ce malheur. — Laissez-la-moi
» donc. Je veillerai sur elle comme si
» elle était ma fille. — Ah, Madame,
» que de bontés! mais Colombe con-
» sentira-t-elle?..... Envoyez-la-moi. »

Madame m'avait vaincu, en me faisant voir Colombe arrachée de mes bras. Elle la gagna en présentant à son imagination son mari mourant pour la défendre. Nous passâmes la plus cruelle et la plus douce des nuits. Une douleur amère succéda aux transports de l'amour le plus tendre et le plus légitime. Le temps s'écoula dans ces alternatives, et le soleil reparut, sans que nos yeux se fussent fermés.

Madame, en nous quittant, était entrée chez la comtesse, et avait tout arrangé selon la raison et ses désirs.

Madame de Montbason devait être bien aise de me voir partir, et elle avait marqué à la baronne la plus grande facilité. Le domestique, qui devait m'accompagner, vint me dire que tout était prêt.

Colombe me tenait dans ses bras; je m'en arrachai. Je descendis les degrés; elle était sur mes pas. Je m'arrêtai, je me tournai vers elle. Que de charmes, et en même temps quelle candeur! L'amour étincelait dans ses yeux; la pudeur brillait sur son front. Elle ressemblait à l'innocence, qui aime avec passion, et qui ne pense pas à se le dissimuler. Je retombai dans ses bras, pour m'en arracher encore. Elle revenait se précipiter dans les miens, et elle arrosait mes joues de ses larmes. Je fis un dernier effort; je m'élançai sur mon cheval, je franchis le pont au galop et je me jetai dans la campagne. Je m'arrêtais souvent. Je portais des regards avides sur ces tourelles qui recelaient mon bonheur, ma vie, mes espérances. Le château ne m'offrit bientôt plus qu'une masse légère et vaporeuse, qui se perdit enfin dans l'atmosphère.

Je m'éloignais, et déjà je ne pensais plus qu'au retour. Je me retraçais ces scènes délicieuses, source inépuisable de félicité. Il ne m'en restait que le souvenir.

Je sentis enfin qu'il fallait m'occuper uniquement de ma mission : c'était le moyen de la terminer promptement. Je m'efforçais de porter toutes mes idées sur Blois; des distractions déchirantes me ramenaient au château de Montbason. Le grand air, l'aspect d'objets variés et toujours nouveaux me calmèrent insensiblement. Dans le fait, mon absence pouvait n'être que de quatre jours. Oui, mais il n'y en avait pas huit que j'étais marié.

Je poussais vivement mon cheval et je ne pouvais le faire aller au gré de mon impatience. Cependant le domestique et mes mules restaient en arrière, et je m'arrêtais pour les attendre. Dès qu'ils m'avaient rejoint, je reprenais le galop, pour m'arrêter encore : je faisais l'enfant.

Nous arrivâmes à Pocé. Le domestique me représenta qu'il fallait nécessairement laisser reposer nos bêtes. La mienne hâletait : je sentis la nécessité de m'arrêter.

Je repartis, après deux heures, qui me parurent plus longues que le temps qui s'était écoulé depuis mon entrée à la Rochelle. A la chute du jour, je me présentai aux portes de Blois.

L'officier qui commandait le premier poste, me demanda ce que je voulais. « Je suis porteur de dépêches » pour le roi. » Il sourit d'un rire ironique, et me dit de passer. Ah! pensai-je, ces troupes ne sont pas royalistes. Le commandant du second poste me fit la même question. Je répondis que j'avais des paquets à rendre au duc de Guise. Il leva les épaules. Il était clair que celui-ci tenait pour le roi. Dès mon entrée à Blois, je reconnaissais deux partis bien prononcés. Que sera-ce au bout de la ville? Comment m'y conduirai-je, pour ne pas me compromettre, et sur-tout pour ne pas m'exposer? Je ne me prononcerai ni pour le roi, ni pour la ligue, et je généraliserai mes expressions. Telles étaient les réflexions que je faisais en marchant.

La ville me parut surchargée d'habitans. Les états-généraux semblaient y avoir attiré une partie de la population de la France. Je ne concevais pas comment cette foule pouvait y tenir, et surtout s'y loger. Je rendis hommage à la prudence de madame, qui avait retenu ma Colombe auprès d'elle. « Où » coucherons-nous, demandai-je au do- » mestique ? — Il n'est pas sûr que nous » nous couchions. Mais je vais vous » conduire chez M. le comte. »

M. de Montbason avait trouvé deux petites chambres dans une petite maison. Il occupait la plus décente, et il avait donné l'autre à son valet de chambre, qui remplissait, en même temps, les fonctions de secrétaire. Une cuisine, au rez-de-chaussée, était transformée en écurie.

Julien me présenta au comte. Une mise étoffée donne de la confiance, et prévient favorablement ceux à qui on s'adresse. J'ignorais les dispositions du comte, et je résolus de les sonder. Je lui parlai du roi et du duc de manière à ne pas me laisser pénétrer. Je l'examinais attentivement; sa figure resta impénétrable; son air, son ton étaient ceux d'un homme tout-à-fait étranger aux événemens. Cependant il était à Blois pour quelque chose. Allons, pensai-je, les affaires ne sont pas assez avancées pour que le comte se déclare ouvertement. Je reçois de lui une leçon de prudence, que je n'oublierai pas. En ce moment, M. de la Moucherie était redevenu la Mouche.

Quand le comet sut que j'arrivais

de son château, sa physionomie reprit son caractère habituel ; elle se montra animée et franche. Il me parla beaucoup de la comtesse, de la comtesse, qui..... Je devins impénétrable à mon tour. Il parut très-satisfait de la préférence que lui accordait madame de Biron, sur tant d'autres, qui se seraient empressés de lui offrir un asile. Nous causâmes assez long-temps de choses indifférentes ; mais si je nommais le roi ou le duc de Guise, son visage changeait tout-à-coup de caractère. Il redevenait réfléchi, et même soucieux. Je persistai à croire que je l'avais bien jugé.

Il me dit qu'il me logerait, mais pour cette nuit seulement. Je le compris : il ne voulait paraître en relation intime, ni avec un royaliste, ni avec un guisard, et il fallait bien que je

fusse l'un ou l'autre. « Vous êtes mu-
» sicien, me dit-il. Allez trouver de-
» main Zampini. — Zampini ! — C'est
» le chef de la musique de la reine Ca-
» therine. — La reine a amené ici sa
» musique ! — Elle sait allier ses affaires
» et ses plaisirs. Zampini joue du luth
» comme un ange, et si vous êtes un
» peu fort sur le serpent, à l'instant
» même il sera votre ami. Bon soir,
» Monsieur. » Bon, pensai-je, il veut
se défaire de moi, et il m'adresse à un
homme sans conséquence. Cela n'est
pas maladroit.

Je dormis peu, malgré la fatigue de
la journée. Le silence de la nuit m'a-
vait ramené à Colombe. Je la voyais,
je lui parlais, elle me répondait; sa
voix pénétrait jusqu'à mon cœur ; elle
me troublait, elle me charmait. J'étendais les bras et je ne rencontrais que du

vide. Le sommeil l'emporta enfin sur l'amour : je m'endormis profondément.

Le lendemain matin, je pris le plus magnifique de mes costumes, et je me rendis chez le signor Zampini. Il était en conférence avec Davila, écuyer de la reine mère, et je crus d'abord qu'ils traitaient d'affaires de la plus haute importance : ils ne s'apercevaient pas que j'étais là. « Il faut mettre ces paroles-là
» en *ut majeur*, dit Zampini : j'ai cinq
» hautes-contres. — Non, non, mon
» cher ami, mettez-le en *la* mineur :
» cela s'entendra mieux dans les rues...
» Surtout, ajoutai-je, avec accompa-
» gnement de serpent. — Ah, el signor
» il est mousicien ! Que diable, Mou-
» sieur, pourquoi ne parlez-vous pas ?
» — Je craignais de déranger.... —
» Oun mousicien il ne me déranze

» zamais. » Me voilà au mieux avec ces messieurs.

Pendant que Zampini cherchait des morceaux tout faits dans ses paperasses, moi je réfléchissais. Le duc de Guise, pensai-je, aime les vers, surtout quand ils font son éloge; mais il n'est pas fou de musique. La reine Catherine en est idolâtre, et Zampini doit lui être irrévocablement attaché. M. de la Moucherie, vous serez royaliste auprès d'el signor Zampini.

Ut, si, la, ut, fredonna sa seigneurie. C'est cela, c'est cela ; voilà qui fera notre affaire. « Santez-moi ce mor-
» ceau-là, Mousieur.... Brava, brava,
» bravissima.... Le goût un pou fran-
» çais; mais on fera de vous quelque
» soze. » Que de grands effets sont nés de petites causes ! me voilà, sans m'en être douté, du parti de la cour !

« Eh ! depuis quand, me demanda
» Davila, êtes-vous dans cette ville?—
» Depuis hier au soir. — Et qui vous a
» envoyé ici ? — Le comte de Mont-
» bason. — On ne sait encore de quel
» parti il est, et on ne peut compter
» sur cet homme-là. Cependant puis-
» qu'il vous a adressé au maître de la
» chapelle du roi, il faut bien qu'il soit
» royaliste. Je dirai au sieur de Villeroi
» de l'inscrire sur ses tablettes. Vous
» avez des chevaux, des équipages ; où
» les avez-vous laissés?—Chez le comte.
» — Je dispose des écuries et des re-
» mises de sa majesté Catherine. Je vais
» y faire transporter tout cela. — San-
» tons, santons. — Mon cher Zampini,
» vous logerez ce jeune homme. —
» Et ze le nourrirai : on m'envoie oun
» ordinaire copieux des couisines de Sa
» Mazesté. Mais santons, santons.

» Nous avons oune promenade pou-
» blique à midi, et ze veux donner dou
» nouveau : le roi il y sera. — Mon-
» sieur Zampini, j'ai une dépêche très-
» urgente à remettre à Sa Majesté. —
» C'est bien, c'est bien ; monsieur Da-
» vila i vous présentera. — Oh ! par-
» bleu, très-volontiers. »

Drelin, drelin. C'est Zampini qui sonne. Une douzaine de chanteurs, et autant de symphonistes entrent à l'instant. La répétition va commencer.

« Mais, monsieur Zampini, je n'ai
» pas déjeuné. — Vous dézeunerez à
» deux heures, avec moi ; si vous man-
» ziez à présent, cela i vous gâterait la
» voix. — Mais, monsieur Zampini,
» vous oubliez que je dois jouer du
» serpent. — C'est vrai, c'est vrai. »
Derlin, derlin. « Conduisez ce zoli gar-
» çon dans ma salle à manzer ; quand

» il aura fini, vous lui donnerez oun
» serpent. »

Voilà qui va au mieux, pensai-je, en faisant honneur à un pâté. A midi, je remettrai mon paquet au roi, et, après le dîner, j'aurai l'honneur de voir monseigneur le duc de Guise. Demain matin, les brevets de M. de Biron et de Poussanville seront expédiés. Après demain, je volerai dans les bras de ma Colombe.

La répétition continuait, et je rentrai au moment où allait commencer le morceau nouveau, celui dont Zampini attendait tant d'effet.

De vieux mâtin qui hurle,
De cheval qui recule,
De femme trop friande,
De valet qui commande,
De pages freluquets,
Dieu vous gard'à jamais.

Je crus trouver là une allusion à l'audace ambitieuse du duc, et au luxe que la cour lui reprochait, disait-on. Il fallait que le roi se crût encore le maître chez lui, puisqu'il bravait publiquement son ennemi. Je conclus de là qu'il valait autant être royaliste que guisard. Au reste, le morceau, avec des ritournelles, et des mots, répétés vingt fois, durait un grand quart-d'heure.

Nous partîmes pour nous rendre au château. Zampini marchait à notre tête; il se caressait le menton; il portait, à droite et à gauche, des yeux qui annonçaient une haute satisfaction de lui-même, et qui semblaient commander les applaudissemens.

Le roi aimait les promenades publiques, presque autant que les processions. Il descendit les degrés du château, entouré de ses moines de Vincennes, suivi immédiatement de ses *mignons* : j'ai su depuis ce que signifie ce vilain mot-là. Il portait à sa ceinture un grand chapelet, orné de grosses têtes de mort, et il avait un bilboquet à la main. Joyeuse et d'Épernon, les seigneurs de la cour, les pages, et de beaux garçons de toutes les classes, composaient son cortège. Tous tenaient un bilboquet : le jeu que le roi préfère devient nécessairement celui des courtisans. Je me tournai quelquefois avec mon serpent, et je riais de tout mon cœur, en voyant deux cents bilboquets en mouvement à la fois. Le peuple était rangé en haie. Les uns riaient comme moi, et applaudissaient aux coups d'adresse. Les autres gardaient un sérieux imperturbable, et levaient quelquefois les épaules. Il me semblait, à moi, que rien n'est plus plaisant qu'une procession, dont les principaux membres jouent au bilboquet.

Davila tint sa parole. Quand le cortège rentra, il me présenta, non au roi, mais à M. Guillaume, huissier du palais; celui-ci me présenta à M. de Crillon, capitaine des gardes; du capitaine des gardes, je passai dans les mains de M. de Villeroi, secrétaire-d'état, qui m'introduisit dans le cabinet du roi. Que de présentations! Si j'avais eu un bilboquet, au lieu de mon serpent, toutes les portes m'eussent été ouvertes.

Henri III avait des amusemens tout-à-fait singuliers. Il était entouré de coussins, et il jetait à Joyeuse et d'Épernon, de petits chiens, que ceux-ci lui renvoyaient, comme une raquette chasse une balle. Peut-être, me disais-je, est-ce là ce qu'on appelle régner.

On ne peut toujours jouer au bilboquet et à faire sauter de petits chiens. Le roi leva enfin les yeux sur moi. « Il est bien,
» très-bien. Approchez-vous, jeune
» homme. Que voulez-vous de moi? »
J'avais cru, jusqu'alors, que les rois étaient des êtres presque surnaturels. Celui-ci me parlait comme s'il n'était qu'un homme. Quelle bonté! Si je ne m'étais rappelé des faiblesses, des fautes, qui le rapprochaient de l'espèce humaine, je serais tombé à ses pieds. Le bilboquet et les petits chiens affaiblirent singulièrement la vénération que je lui portais.

Pendant que je cherchais le paquet que je devais lui remettre, il me souriait, il me caressait les joues. Ces marques de faveur m'enchantèrent. Ce sera un grand homme, pensais-je, quand il daignera prendre la peine de le devenir. Oh, il le voudra. Et puis, n'a-t-il pas déjà fait de grandes choses? N'est-ce pas lui qui a forcé ces maudits huguenots de la Rochelle à capituler.

« Avez-vous la clef de ces chiffres-là?
» — Oui, sire. — Mettez-vous à ce bu-
» reau, et traduisez-les moi.

» Ho, ho! Biron m'assure de son at-
» tachement, de son dévouement, de
» son respect, et il s'est distingué au
» siége de la Rochelle. Je le nomme
» maréchal de France. Villeroi, faites,
» à l'instant même, expédier son bre-
» vet. Jeune homme, vous viendrez le
» prendre dans deux heures. »

Voilà qui va bien, très-bien, à merveille, me dis-je, en sortant du château. Je n'ai plus que l'affaire de mon ami Poussanville à arranger; et je courus chez le duc de Guise.

Là, tout était grand, noble, brillant,

mais sévère. Je rencontrai le comte de
Brissac, qui me regarda d'un air fait
pour m'intimider, et qui, cependant,
me conduisit auprès de monseigneur.
Pas de petits chiens, pas de bilboquets
chez lui : il était entouré de ses principaux officiers. Je vis un homme beau,
grand, bien fait, dont les vêtemens
étincelaient d'or et de pierreries. Ses
manières affables contrastaient singulièrement avec celles de M. de Brissac.
« C'est lui, dit le comte à monseigneur.

» Vous êtes arrivé hier soir, reprit le
» duc; vous avez logé chez Montbason,
» qui, pour se défaire de vous, vous a
» envoyé chez Zampini. Celui-ci vous
» a fait chanter des vers impertinens,
» et jouer du serpent à la promenade
» ignoble qui vient de se faire. Davila
» vous a introduit dans le cabinet de
» frère Henri. Que lui vouliez-vous? »

Je racontai fidèlement tout ce qui s'était passé, et je présentai au duc la lettre de M. de Biron. Je fus obligé de la traduire encore. « Celle que vous avez remise » au roi, ne signifie rien du tout, et » celle-ci est positive. Je remercierai » frère Henri de m'avoir évité la peine » de présenter le brevet de Biron à sa » signature. Mais qu'est-ce que ce M. » de Poussanville? Je ne connais pas » cette maison là. »

Je racontai à monseigneur l'histoire de mon ami, et, par conséquent, une grande partie de la mienne. Elles l'amusèrent moins que mon inaltérable candeur, et le récit naïf de mes amours. « Mon cher ami, votre âge n'est pas » celui de l'expérience. Si vous aviez » trente ans, je ne vous pardonnerais » pas de vous être présenté au roi avant » que d'avoir eu l'honneur de me voir.

» Souvenez-vous, à l'avenir, que lors-
» qu'on veut obtenir des grâces, c'est
» d'abord à moi qu'on doit s'adresser.
» Au reste, j'aime le mérite, partout
» où il se trouve. Votre ami Poussif
» sert utilement la sainte ligue; il sera
» maréchal de camp. Vous êtes brave :
» voulez-vous commander cent hom-
» mes d'infanterie? — Je ne demande
» pas mieux, Monseigneur.—Péricard,
» rédigez les deux brevets. Mayneville
» les portera à la signature.

» La Moucherie, allez me chercher
» Montbason. Villeroi l'a inscrit sur ses
» tablettes; je veux qu'il figure aussi sur
» les miennes. Il va se trouver dans un
» terrible embarras. Je m'en amuserai.
» La reine Catherine a son bouffon :
» Pourquoi n'aurais-je pas le mien? »

Je courus, je volai; j'étais tenté de
crier partout que j'étais capitaine d'in-

fanterie. Le comte de Montbason avait été mandé à la cour, et présenté au roi comme un de ses plus fidèles sujets. Il avait joué ce rôle forcé avec assez de gaucherie ; mais enfin, il avait crié, à demi-voix : vive le roi. Je le rencontrai au bas du grand escalier, et je lui dis que monseigneur de Guise voulait lui parler. « Vous m'avez mis dans une po-
» sition cruelle. Me voilà royaliste sans
» m'en être douté. Que me veut à pré-
» sent le duc de Guise ? »

Je l'introduisis. Monseigneur le reçut avec la plus grande affabilité, et finit par lui présenter la formule du serment des ligueurs. « Monseigneur, je viens
» de prêter serment de fidélité au roi.
» — Je vous en relève de ma pleine puis-
» sance et autorité. Allons, jurez et
» criez : vive la ligue. — Mais, Monsei-
» gneur... — Êtes-vous mon ennemi ?

» — Non, très-certainement, Monsei-
» gneur. — Ne faites donc pas l'enfant.
» Criez et jurez. — Vive la ligue ! »

Nous sortîmes ensemble. « Parbleu,
» M. de Biron avait bien besoin d'en-
» voyer ici cette jeune barbe ! Moi,
» je ne sais qu'en faire ; je l'adresse à
» Zampini, homme nul en politique.
» Il vous présente à Davila, Davila à
» Crillon, Crillon à Villeroi, et on me
» juge, je ne sais comment. Par extraor-
» dinaire le duc de Guise a un mo-
» ment de gaîté, et il m'envoie cher-
» cher. Me voilà en même temps roya-
» liste et guisard. Je serai appelé,
» tantôt par le roi, tantôt par le duc,
» et les deux partis finiront par se
» moquer de moi. A présent que je
» n'ai plus rien à ménager, vous pou-
» vez revenir chez moi. Nous soupe-
» rons ensemble, et demain à la pointe

» du jour, nous partirons pour retour-
» ner à mon château.—Et j'en serai en-
» chanté, Monsieur le comte. — Avez-
» vous encore quelque chose à faire
» ici?—J'ai des brevets à recevoir.—
» Promenez-vous par la ville en les at-
» tendant, et venez me retrouver à la
» chute du jour. »

J'étais libre, et je pensai à Colombe. Elle ne m'attend pas demain. Avec quel charme, quel délire nous nous retrouverons ! J'étais souvent distrait de mes tendres rêveries, par les coups de coude que je recevais, à droite et à gauche. Les rues étaient toujours surchargées de gens de toutes les classes, qui allaient, venaient, se croisaient, se heurtaient. J'étais forcé de prendre garde à moi, et de regarder ceux dont les épées allaient s'embarrasser dans mes jambes. Je repris mon rôle d'observateur.

Je m'étais cru habillé comme un seigneur. Hélas, j'étais éclipsé par la plupart de ceux qui passaient auprès de moi. Je ne voyais que des pourpoints de soie, de couleur citron, orange, blanche ou verte. Ce pourpoint, boutonné de la ceinture jusqu'au cou, est découpé en bandelettes qui se croisent horizontalement et verticalement. On voit à travers cette espèce de grillage, un dessous d'une étoffe riche et de couleur tranchante. Les manches sont très-larges du coude à l'épaule, et elles sont soutenues par des baleines. Un manteau très-court, en velours ou en drap, est bordé d'un riche galon d'or. Une fraise énorme couvre le cou et les épaules, et cache sous ses plis le bas de la figure. On voit cependant de petites moustaches; mais on distingue à peine une barbe de deux pouces de long. La tête est couverte d'un chapeau de feutre à larges bords, à forme élevée, et il est orné d'une longue plume blanche. Le haut de chausses est taillladé comme le pourpoint; il est de la même étoffe et de la même couleur. Il ne descend qu'au milieu de la cuisse. Les bas sont de soie amaranthe ou verts. Les souliers et les bottes sont en buffle; les gants en soie, et brodés. On porte au cou un médaillon suspendu à une chaîne d'or, qui fait plusieurs tours, et qui, d'espace en espace, est ornée de rubis. Un large ceinturon porte du côté droit une escarcelle ou grande bourse à fermoir, et du côté gauche une longue épée à monture de fer poli.

Les femmes de distinction ne s'exposaient pas au milieu de cette cohue. Cependant la curiosité en entraînait quelques-unes, qui se faisaient précéder et suivre par des valets. Celles que j'ai rencontrées, portaient un corset très-étroit, très-serré, et qui se terminait par une pointe qui descendait au-dessous du ventre. La robe, à partir des hanches, était d'une excessive largeur; celle des manches était poussée jusqu'au ridicule. Ces dames portent une espèce de gibecière suspendue à leur ceinture. On m'a dit que la jeune reine porte, dans la sienne, un livre de prières, et la duchesse de Montpensier sœur du duc de Guise, un jeu de cartes : elle aime beaucoup à jouer à la *prime*. Le front de ces dames est tout-à-fait découvert. Les cheveux sont partagés sur la tête, et crépés sur les côtés. Un gros chignon, mêlé de rubans, garnit le derrière.

Au lieu de la fraise, elles portent un collet montant fait de mousseline empesée. Leurs manchettes sont relevées sur le bas de la manche, et elles ont, comme les hommes, une chaîne d'or au cou. Les vêtemens des femmes d'une condition inférieure sont faits à peu près de même. Les étoffes diffèrent, selon les facultés pécuniaires de chacune.

Les hommes du peuple s'habillent d'étoffes communes, et suppriment par économie, le large haut de chausses et les manches bouffantes. Ils portent le manteau de serge brune ou verte. Les simples ligueurs ont la croix blanche de Lorraine, et de grands chapelets autour du cou. Cette croix de Lorraine a deux barres en travers, et forme les armoiries de la maison de Lorraine. Les guisarts portent ce signe sous les yeux mêmes du roi, qui n'est pas assez puissant pour faire supprimer cette cocarde, qui semble le braver.

J'allai retirer les trois brevets, qui me furent remis sans difficulté. M. de Villeroi me remercia d'avoir conquis M. de Montbason au parti royaliste. Le secrétaire du duc de Guise, M. Péricart, me félicita de l'avoir acquis à la ligue. Ils avaient tous deux un air goguenard, qui me persuada qu'ils ne comptaient, ni l'un ni l'autre, sur le nouveau prosélyte. Cependant j'étais l'agent avoué du nouveau maréchal de France; les deux partis avaient besoin de lui, et ces messieurs me marquèrent une considération, qu'ils n'eussent pas accordée au petit frère Antoine. L'homme n'est quelque chose dans le monde que par l'opulence, ou la place qu'il occupe.

Je ne voulus pas quitter Blois, sans prendre congé de Zampini, et de l'écuyer Davila : ils m'avaient assuré, avec beaucoup de bonté, que je pouvais compter sur eux. Zampini me demanda si je voulais entrer dans la musique de la reine Catherine. Je lui répondis que je ne le pouvais pas, et il me tourna le dos. Je priai Davila de faire reconduire mon cheval et mes mulets chez le comte de Montbason. Il me dit qu'ils n'étaient pas sortis de ses écuries. Je lui en marquai quelque étonnement. « Oh, j'ai eu autre chose à faire que » de m'occuper de vos montures. D'ail- » leurs, vous avez contribué à nous » donner Montbason, et c'est, je crois, » tout ce que vous pouvez faire. Adieu, » Monsieur. » J'appris, qu'à la cour, dans les petites, comme dans les grandes choses, on ne balance pas à promettre quand on a besoin des gens, et qu'on les laisse de côté, quand on n'en attend plus rien.

Il me sembla que j'avais honorablement rempli ma mission, et je ne pensai plus qu'à me réunir à ma tendre, à ma charmante Colombe. J'allai souper avec M. le comte.

CHAPITRE II.

Le capitaine de la Moucherie éprouve un grand malheur.

Le soleil se montrait à peine, et déjà nous étions sortis de Blois. J'étais aimable comme l'espérance, gai comme la folie, une seule chose me contrariait : il me semblait que nos chevaux n'avançaient pas. Je liai conversation avec le comte, pour tromper l'ennui du chemin.

Il parlait facilement, il parlait bien,

et je reconnus qu'il était observateur. La conformité de nos goûts, à cet égard, me porta à l'écouter avec plus d'attention. Bientôt je ne compris pas comment le duc de Guise avait pu en faire son bouffon. Le comte était timide, irrésolu. Voilà tout ce qu'on pouvait lui reprocher.

« Tous les mauvais gouvernemens, » me dit-il, croient ne pouvoir se sou- » tenir qu'en opposant continuel- » lement un parti à un autre. Il faut, » au contraire, écraser celui qui peut » nuire, et soutenir ceux qui ont été les » instrumens de sa ruine. Il peut être » très-difficile d'y réussir; mais ne vaut- » il pas mieux succomber qu'être al- » ternativement le jouet des factieux? » le courage seul porte à entreprendre; » la fortune fait le reste. Pourquoi se » défier de la sienne, quand on ne l'a

» pas essayée? c'est qu'on est effrayé
» de sa faiblesse, et la crainte ne sug-
» gère jamais que des demi-mesures.

» Dès long-temps le roi ne règne
» plus. Il subit le joug qu'impose né-
» cessairement un sujet hardi et puis-
» sant à un prince indigne du trône.
» Son sceptre passe des mains de sa
» mère dans celles de ses mignons, et
» quand ses folies l'ont conduit sur le
» bord de l'abîme, il invoque le se-
» cours de Catherine.

» Cette princesse n'est pas sans
» quelque talent; mais elle est incapa-
» ble de régner dans des temps orageux.
» Est-elle pressée par les Guise? elle ap-
» pelle les protestans; elle leur accorde
» des conditions, qu'elle sait ne pou-
» voir tenir, et elle se hâte de rompre
» les traités, quand le roi de Navarre
» et le prince de Condé acquièrent une

» prépondérance marquée. — *Diviser*
» *pour régner* est sa maxime. Il faut
» dire : *diviser pour vous soutenir jus-*
» *qu'à une catastrophe, que les tergiver-*
» *sations rendent inévitable.*

» Catherine n'a qu'un parti à prendre.
» C'est de s'unir intimement au clergé,
» de s'en faire un appui contre la ligue,
» et surtout contre le duc de Guise. Si
» ce prince entraîne les Français catho-
» liques, en leur parlant de Dieu, quels
» avantages n'auraient pas sur lui des
» prêtres, généralement révérés, qui
» s'emparent des consciences, qui les
» dirigent, et à qui leur caractère permet
» de s'exprimer au nom du ciel? mais
» ce moyen n'est pas sans danger. Le
» sceptre et l'encensoir restent unis,
» tant que les intérêts sont les mêmes.
» Mais tous les hommes sont passionnés,
» et rendre le clergé nécessaire, c'est

» le disposer à s'emparer de l'autorité.
» Il marchera d'abord sourdement vers
» ce but; bientôt il lèvera une tête al-
» tière; il n'intimera ses ordres qu'au
» nom de la Religion; mais il comman-
» dera, n'importe à quel titre? la résis-
» tance alors sera inutile au souverain,
» et si la sienne est violente, une main
» obscure sera chargée du poignard.

» Catherine craindra donc de se li-
» vrer au clergé. Sans cesse ballottée par
» les deux partis, elle marchera de faute
» en faute. Guise profite déjà de celles
» qu'elle a commises. Il profitera de
» celles qu'elle doit commettre encore.
» Il ne dissimule plus ses vues; il brave
» le roi jusques dans sa cour; il ne le
» croit pas assez hardi pour oser lui ré-
» sister. Cependant son triomphe n'est
» pas assuré encore. Un événement inat-
» tendu peut le faire succomber. Quel

» homme sensé et réfléchi, peut, dans
» l'état actuel des choses, se prononcer
» ouvertement pour la maison de Va-
» lois, ou celle de Lorraine? »

Moi, je pensai qu'un capitaine d'infanterie peut changer de parti sans que personne s'en aperçoive.

Ce qu'avait dit le comte était peut-être un peu au-dessus de ma portée. Je ressemblais à ce paysan qui trouvait le sermon de son curé si beau, qu'il déclarait n'y avoir rien compris. Cependant j'avais saisi l'ensemble des idées du comte. Je cherchais à les classer dans mon cerveau, lorsque nous découvrîmes le clocher de Pocé.

« M. le comte, dit Julien, déjeûnera
» sans doute dans ce village? Qu'en pen-
» sez-vous, demanda-t-il à son secré-
» taire et à moi? Sans doute, sans
» doute, répondîmes-nous à l'unis-

» son. » Il était midi, et nous n'avions rien pris encore.

On parle peu, quand on a bon appétit. Ces messieurs rêvaient, je ne sais à quoi. Moi, j'étais tout à Colombe. J'y pensais avec une tendresse, un charme, un délire! Cinq heures de marche encore, et je tombais dans ses bras.

Nous remontâmes à cheval, et nous reprîmes notre conversation politique.

« Savez-vous, me demanda le comte, » quelle est la situation actuelle de la » France? — Non, Monsieur. — Je vais » vous le dire.

» Grégoire XIII et Philippe II, pro-
» tègent ouvertement la ligue; le pape,
» parce qu'il espère qu'elle sera assez
» forte pour exterminer les hérétiques;
» le roi d'Espagne, parce qu'il compte,
» à la faveur des troubles, mettre sur
» le trône de France, sa fille Isabelle-

» Claire-Eugénie, et régner sous son
» nom. Grégoire envoie des indulgen-
» ces aux ligueurs; Philippe fait passer
» au duc de Guise les trésors de l'Amé-
» rique. Il connaît assez peu les hom-
» mes, pour croire que le duc ne s'oc-
» cupe que des intérêts de l'Espagne.

» Il est évident que le duc aspire à la
» couronne; mais il marche vers le
» trône par des voies détournées. Vous
» savez qu'il a conduit le roi, par son
» adresse et ses suggestions perfides, au
» dernier degré d'avilissement. Il ne lui
» reste qu'un coup à porter; mais il re-
» cule devant un crime qui armerait
» contre lui le roi de Navarre, les cal-
» vinistes, et le roi d'Espagne, déchu de
» ses plus brillantes espérances.

» Il a forcé le roi à convoquer les
» états généraux, qui siègent en ce mo-
» ment à Blois, et il a porté à cette as-

» semblée une majorité composée de
» ses créatures. Le jour même de l'ou-
» verture de la session, ce corps a con-
» traint le roi à déclarer la guerre aux
» protestans. Le lendemain, il lui a re-
» fusé des subsides, sans lesquels il ne
» peut lever de troupes. Guise a une
» armée qui lui appartient personnelle-
» ment, et qu'il soudoie avec l'or de
» l'Espagne. Catherine sait qu'il veut
» enfermer Henri dans un cloître,
» et faire instruire le procès du duc
» d'Anjou, son frère, qui a porté les
» armes contre le roi. La révolte du
» jeune duc a servi, indirectement, les
» intérêts des Guise. Ainsi les mesures
» que prennent les princes Lorrains
» sont contradictoires.

» Catherine a cru déjouer leurs pro-
» jets, en poussant le roi à se déclarer
» chef de la ligue, dans une des séances

» des États-Généraux. Elle ne sent pas
» qu'un souverain n'étouffe pas une
» faction puissante, en se déclarant le
» premier factieux de son royaume.
» Henri est tombé dans une dégrada-
» tion telle, que les ligueurs ne lui sa-
» vent aucun gré de sa démarche, et
» qu'ils continueront d'obéir au duc de
» Guise. Cependant si Philippe décou-
» vre que le duc le joue, il lui fermera
» son trésor; il fera entrer son armée
» des Pays-Bas dans le nord de la
» France, ses troupes espagnoles fran-
» chiront les Pyrénées, la Navarre, et
» pénètreront dans la Guyenne et dans
» les provinces du midi; des procla-
» mations déclareront le duc de Guise
» traître envers le roi et la patrie, et
» ce prince peut être renversé, soit
» par la force des choses, soit par le
» poison: on sait que tous les moyens

» conviennent à Philippe, quand ils le
» conduisent à son but.

» Tels sont, Monsieur, les véritables
» motifs de ces irrésolutions, qu'on m'a
» reprochées, et qu'on a fini par trou-
» ver plaisantes. Ouvrez l'histoire de
» France. Vous y verrez les Montbason
» rendre des services signalés à leurs
» souverains, ou aux partis que les cir-
» constances les ont déterminés à adop-
» ter. Je ne suis pas indigne d'eux ; mais
» je ne tirerai l'épée que lorsque je croi-
» rai devoir le faire.

» Je me montre ouvertement à vous,
» parce que vous avez été témoin du
» rôle ridicule qu'on m'a fait jouer, et
» que je tiens à l'estime de tous les hom-
» mes. Je vous préviens que si vous
» abusez de ma confiance, je vous dé-
» mentirai, et, très-certainement, j'ins-
» pirerai plus de confiance que vous. »

Je rassurai le comte par les protestations les plus propres à le persuader, et elles étaient sincères. Il m'avait donné, en peu d'heures, une connaissance exacte des choses et des hommes. Il était entâché, sans doute, de quelque égoïsme ; mais il était loin de l'afficher avec l'impudeur, qui m'avait toujours blessé dans Poussanville.

Je m'ouvris franchement à mon tour. Je lui avouai que mes vœux étaient pour le roi légitime, à qui on reprochait, avec raison, des fautes graves et des puérilités ; mais qui les effaçait par l'institution d'ordres religieux, de pénitens de toutes les couleurs, par ses macérations publiques et privées, par les plus belles et les plus édifiantes processions. Je finis en le recommandant, du fond du cœur, à mon patron.

L'aspect des tours du château de Montbason donna une direction nouvelle à mes idées. C'est là que m'attendaient Colombe et le bonheur.

Le comte aimait sa femme, et il était impatient de la revoir. Il mit son cheval au galop. Il eût été inconvenant que je lui en donnasse l'exemple ; mais avec quel empressement je le suivis ! Le pont s'abaissa devant nous, et la comtesse se jeta dans les bras de son mari, avec une ardeur, une expression qui, sans doute, lui parurent sincères. J'étais sauté de mon cheval, et je m'étonnais que Colombe ne fût pas accourue sur les pas de madame de Montbason. Je l'appelais à haute voix ; j'allais parcourir tous les appartemens du château.... La comtesse m'arrêta. « Madame de Biron n'est plus ici. — Et » Colombe ? — La baronne a emmené

» tout son monde avec elle. — Et Co-
» lombe ? — Je vous dis que madame
» de Biron n'a laissé personne ici. — Et
» Colombe, Colombe ? — Colombe,
» Colombe a suivi sa maîtresse, le dé-
» sespoir dans le cœur. — Ciel, juste
» ciel! expliquez-vous, Madame, je vous
» en supplie. »

La comtesse, appuyée sur le poignet de son époux, montait les degrés qui mènent au château en me parlant, et en écoutant mes exclamations avec un rire sardonique. Je tombai à ses pieds, et je la conjurai de vouloir bien m'instruire de ce qui s'était passé. Elle eut la cruauté de me laisser dans la position humiliante où je m'étais placé, et elle disparut avec le comte.

Il est, m'avait dit madame de Biron, des femmes qui ne se respectent pas assez. Un honnête homme doit les ménager. La comtesse s'est-elle vengée de moi, en affligeant celle dont le bonheur m'est plus cher que ma vie? Je me lançai dans les endroits les plus reculés, les plus obscurs de ce vaste château; je m'étendais sur le careau; je prêtais une oreille attentive; j'appelais Colombe à grands cris. L'écho des voûtes humides, qui étaient au-dessus de ma tête, répondait seul à ma voix. Ma poitrine était gonflée; les muscles de mon visage étaient agités de mouvemens convulsifs; deux ruisseaux de larmes s'échappaient de mes yeux. Insensé que j'étais! La comtesse n'eût osé faire enfermer Colombe; madame de Biron ne l'eût pas souffert. Mes cris, mes sanglots attirèrent enfin quelques domestiques. L'un d'eux alla avertir le comte. Il accourut. Il y avait long-temps que durait cette scène d'horreur.

Il me parla avec une extrême bonté. Dans toute autre conjoncture, il m'eût pénétré de reconnaissance. Je le repoussais avec les gestes et les accens du désespoir. Julien et lui m'entraînèrent, me firent respirer le grand air, et je me calmai un peu. Il fallait que je succombasse à l'horreur de ma situation, ou que je revinsse à moi.

Monsieur de Montbason me raconta, en peu de mots, ce que la comtesse venait de lui apprendre.

La veille au soir, un paysan du village avait annoncé qu'en revenant de Pocé, il nous avait vus, Julien et moi, attaqués par des braconniers, près de Vouvrai, et que ces misérables nous avaient dépouillés, après nous avoir ôté la vie. « Je ne pénètre pas, » ajouta le comte, le motif d'une telle » imposture; mais je vous donne ma

» parole d'honneur que son auteur sera
» sévèrement puni. » Il continua son
récit.

« Cette déplorable nouvelle jeta Co-
» lombe dans un état semblable à celui
» dont je venais de sortir; elle perdit
» l'usage de ses sens. Elle dut, aux se-
» cours de la baronne, le retour de sa rai-
» son, et du sentiment de son malheur.
» C'est une erreur, lui disait madame
» de Biron. La Moucherie vit, il ne vit
» que pour vous; vous le reverrez. Il
» n'est plus! il n'est plus! s'écria-t-elle.
» Otez-moi de cette maison, où je viens
» de recevoir le coup de la mort. » La
baronne déclara qu'elle allait partir à
l'instant même. « Sans escorte, lui dit
» la comtesse? — Sans escorte; les che-
» mins sont libres. Je vais me retirer à
» Biron. » Elles sont parties.

« Elles ne le sont que d'hier, Mon-

» sieur le comte. Je ne perdrai pas un
» moment. Je vais courir, voler sur
» leurs traces. Je les rejoindrai. — Vo-
» tre cheval, vos mulets sont fatigués.
» — Qu'importe! — Je vais vous en
» faire donner de frais. Vous paraissez
» voir Julien avec bienveillance. Il
» vous accompagnera. — Que mon pa-
» tron vous bénisse. »

Je courus à l'écurie; je voulus aider
à Julien; je me hâtais, et je faisais tout
mal. Ce brave garçon me priait de le
laisser faire; je dérangeais ce qu'il avait
fait. Nous partîmes enfin : il était huit
heures du soir.

Nous marchâmes une partie de la
nuit. Julien m'engageait à m'arrêter,
à me reposer, à prendre quelque chose.
Il me représentait que nos chevaux ne
soutiendraient pas long-temps la fatigue que je leur imposais. Je ne l'écou-

tais pas. Je comptais sur mes forces : elles étaient épuisées.

Julien s'aperçut que je chancelais sur ma selle. Il sauta à terre; je tombai dans ses bras. Je n'entendis, je ne vis plus rien.

Quand je revins à moi, je me trouvai dans une chambre très-propre, et dans un assez bon lit. Ma faiblesse était extrême; cependant je reconnus Julien. Il marqua la joie la plus vive, en voyant mes yeux se rouvrir. « Où suis-» je, Julien? — A Saurigny. — Chez » qui? — Chez un bon curé, qui vous » a recueilli. — Depuis quand? — Depuis huit jours. — Huit jours, huit » jours! — Calmez-vous, Monsieur, » ou vous allez vous rapprocher de la » tombe, dont les soins du digne pas-» teur vous ont éloigné. » Je me tus.

Je revenais à la vie, et je la consacrai de nouveau à Colombe.

L'extrême agitation dans laquelle j'avais passé quelques heures, l'inquiétude dévorante qui lui avait succédé; la fraîcheur de la nuit, l'excès de la fatigue, le défaut de nourriture, tout s'était réuni pour enflammer mon sang. Une fièvre ardente le brûlait déjà, quand Julien me reçut dans ses bras.

Nous n'étions qu'à un quart de lieue de Saurigny. Il m'y conduisit, avec des peines incroyables. Le jour ne paraissait pas encore. Où s'adresser, dans un village dont tous les habitans étaient encore plongés dans le sommeil? Julien m'assit sur l'herbe, et m'appuya contre le pied d'une meule de foin. Il marcha vers l'église. Une maison modeste, mais décente y touchait. Il frappa à la porte. Cette maison, ainsi qu'il l'avait prévu, était la demeure du curé.

Julien lui raconta ce qui m'était arrivé sur la route; il lui parla de l'embarras où il se trouvait. Il le supplia de me secourir. Il crut l'y déterminer plus facilement en l'assurant que j'étais un excellent catholique. « Quand Jé-
» sus, lui répondit le respectable prê-
» tre, ressuscita le Lazare, il ne de-
» manda point s'il était pharisien ou
» saducéen. »

Il fit lever sa vieille gouvernante, et un jeune homme, qui était à la fois son domestique et son jardinier. Ils me transportèrent au presbytère, où les premiers secours me furent prodigués. Le médecin du village fut appelé. Il prononça, d'un ton doctoral, que ma maladie était mortelle. Ce n'est pas la première fois que la médecine s'est trompée.

En dépit d'un jugement que le docteur croyait sans appel, mon bon curé consultait son expérience; il étudiait en moi la marche de la nature; il priait pour le pauvre malade, et il espérait.

Quand Julien courut lui dire que j'avais ouvert les yeux, que je l'avais reconnu, que je lui avais parlé, le pasteur, sa cuisinière, son jardinier s'approchèrent de moi sur la pointe du pied. La joie brillait sur leurs visages : les vertus du maître se communiquent à ses gens.

Le médecin fut averti de cette espèce de résurrection. Il vint, et ne marqua pas le moindre embarras. « Je » ne me trompe jamais dans mes pro- » nostics, dit-il. Je vois bien que mon- » sieur guérira; mais je déclare que ce » sera contre toutes les règles. »

Il me prescrivit un régime doux,

mais réparateur, et il me conseilla de parler peu. Il sortit en nous disant qu'il allait faire, sur ma maladie, un rapport dans lequel il prouverait clairement que j'aurais dû mourir ; qu'il l'enverrait à la faculté de médecine de Paris et de Montpellier, et que, vraisemblablement, il lui vaudrait une chaire dans une des deux universités.

Mon bon curé, sans orgueil pour le présent, sans ambition pour l'avenir, me donnait tous les momens dont il pouvait disposer. Il me parlait de choses qu'il croyait pouvoir m'instruire ou m'intéresser. Quand il me voyait livré à des réflexions affligeantes, il nommait Colombe, et me rendait à l'espoir de la retrouver.

Il me représentait que les affections du cœur peuvent être douces et estimables en même temps ; mais qu'elles doivent être réglées par la raison, et soumises aux décrets de la providence; que les accès de délire dans lesquels j'étais tombé sont indignes d'un chrétien et d'un homme sage; que peut-être le ciel, en nous séparant pour quelque temps, avait voulu nous ramener à des sentimens de modération, qui nous permettent seuls d'être utiles aux autres et à nous-mêmes.

Je ne sais si le calme que j'éprouvais était l'effet des raisonnemens sans réplique de mon bon curé, ou de l'épuisement dans lequel m'avait jeté ma maladie. J'interrogeais mon cœur. J'y trouvais Colombe gravée en traits ineffaçables; notre réunion était l'objet de mes vœux les plus doux; mais j'étais disposé à la préparer par des moyens que peut avouer un jeune homme raisonnable et réfléchi. J'étais presque honteux des égaremens auxquels je m'étais abandonné.

Quand les fonctions de mon bon curé l'éloignaient de moi, la vieille Marguerite le remplaçait, et me contait des histoires de sorciers et de revenans. C'est tout ce qu'elle pouvait faire pour moi.

Quand j'étais seul, ce qui m'arrivait rarement, je pensais à Colombe, je rêvais profondément aux ressources que j'avais pour l'aller joindre. Sans doute elle était à Biron, et il y a loin de la Touraine en Périgord. Mais on n'a pas oublié la bourse bien garnie que me fit donner la baronne, lorsqu'elle nous chassa, Colombe et moi. Je n'en avais pas ôté un doublon. J'avais un excellent cheval, deux bons mulets, et avec tout cela on peut aller au bout de la France. Mes forces revenaient promptement, et je me décidai à partir sous peu de jours.

Je regrettai d'avoir laissé ma voiture à Montbason. Mais on ne peut avoir toutes ses aises. La vie de mon saint patron justifie cet axiome.

Jusque là, je ne m'étais occupé que de Colombe. Mon bon curé me fit souvenir que j'avais des devoirs indispensables à remplir envers M. de Biron. Je me rappelai alors seulement les brevets dont j'étais dépositaire. J'allongeais un peu ma route en passant par Poitiers. Mais j'avais, dans ma poche, un moyen si sûr de combler de joie le baron, que je ne balançai pas un moment.

Une première idée en amène nécessairement d'autres. Je savais qu'au moment où je m'éloignai de Poitiers, M. le baron n'avait pas plus touché à sa caisse que moi à ma bourse, et Poussanville trouvait toujours quelque expédient qui fournissait *gratis* aux besoins de notre petite armée. Je résolus de ne garder que ce qui m'était nécessaire pour deux journées de chemin, et de distribuer le reste à ceux qui m'avaient rendu les plus éminens services.

Je récompensai généreusement Julien; et je le renvoyai à son maître. Le comte, me disais-je, sera étonné de ma magnificence. Je donnai à la vieille et au jardinier plus qu'il ne fallait pour qu'ils se souvinssent long-temps de moi; je croyais les entendre, dans dix ans encore, vanter ma libéralité. Je mis la même noblesse dans mes procédés à l'égard de mon médecin, et je l'engageai à ne plus condamner d'avance personne à mort. Je me tournai enfin du côté de mon digne curé.

« Monsieur, lui dis-je, je vous dois la » vie, et il est des services auxquels on ne » peut fixer de prix. Voilà ma bourse; » daignez y puiser. » Il recula de quelques pas, avec l'air d'un homme qui vient de subir une humiliation qu'il n'a pas méritée. « Je ne vends pas mes » soins, » me répondit-il, en baissant les yeux.

Je sentis toute l'étendue de la faute que je venais de commettre, et je tâchai de la réparer. « Monsieur, c'est » pour vos pauvres que je vous ai offert » ma bourse. Permettez-moi de faire » une bonne action. »

Il tira avec assez de force, et pendant une minute ou deux, un cordon placé près de la porte de la chambre où nous étions. Il correspondait à une cloche du poids de dix à douze livres, suspendue en dehors du presbytère. « Le son de cette cloche les avertit que » j'ai une distribution à leur faire. » J'aime que les gens charitables con- » naissent l'emploi que je fais de leurs » dons. » Je jugeai avoir trouvé enfin l'homme estimable que je cherchais depuis si long-temps.

Cinquante ou soixante malheureux, des deux sexes, furent introduits, et je leur donnai à chacun une pistole. Ils nous bénirent le curé et moi. Vraisemblablement il y avait parmi eux des paresseux et des hypocrites; mais on ne cherche à trouver des défauts à ceux qui sollicitent la bienfaisance, que pour leur fermer son cœur et sa bourse.

Un de ces infortunés s'offrit pour conduire mes mulets. J'acceptai ses services, et je montai à cheval le lendemain matin.

Nous nous étions adressé, le curé et moi, des adieux tendres et prolongés. Ils pouvaient être éternels, et je sentis qu'on se sépare difficilement d'un homme de bien.

Ceux à qui j'avais fait l'aumône étaient rassemblés devant la porte du presbytère. Mon nouveau compagnon de voyage les avait sans doute instruits de l'heure de mon départ. Ils se rangèrent sur deux files, et m'accompagnèrent jusqu'aux dernières maisons du village, en me comblant de nouvelles bénédictions.

Allons, me disais-je, en m'éloignant d'eux, je laisse de longs souvenirs à Saurigny, et cela est flatteur... Misérable, ajoutai-je, tu n'as rien fait que par ostentation. Humilie-toi, superbe, devant les vertus du respectable curé.

J'arrivai à Lencloitre. J'avais fait, à peu près, la moitié du chemin de Saurigny à Poitiers. Il fallait donner du repos à nos bêtes de somme, et je me décidai à passer la nuit dans cet endroit. Je n'y connaissais personne; je m'arrêtai devant un mauvais cabaret, où je ne trouvai que du pain, du vin, et pour lit, on me donna quelques bottes de paille dans un coin de l'écurie. Je soupai mal, je dormis mal; mais à quelque chose malheur est bon : il n'était pas deux heures après midi, et déjà j'apercevais la grand'garde de M. de Biron. Je piquai mon cheval, et en quelques minutes je fus auprès de monseigneur.

« Eh, d'où diable venez-vous ? — » Madame a-t-elle passé par Poitiers ? » — Qui a pu vous retenir aussi long-

» temps ? — Colombe était-elle avec
» madame ? — Vous m'interrogez, je
» crois ! Répondez, Monsieur, aux
» questions que je vous adresse. D'où
» venez-vous ? » Je racontai exactement
à monseigneur tout ce qui m'était arrivé depuis mon départ jusqu'à mon retour, et je terminai mon récit en lui présentant son brevet de maréchal de France. Il me prit la main et daigna m'embrasser.

« Oui, me dit-il, madame et Co-
» lombe sont passées ici. Indépendam-
» ment des premières raisons qu'avait
» la maréchale d'estimer peu la com-
» tesse, raisons que vous connaissez,
» elle remarqua, après votre départ de
» Montbason, plus que de la légèreté
» dans la conduite de cette dame avec
» quelqu'un de l'intérieur du château,
» et elle résolut de s'en éloigner. La

» nouvelle de votre mort, la manière
» indécente dont la comtesse parut en
» jouir, le désespoir où elle jeta Co-
» lombe, la déterminèrent à ne pas
» différer. Elles ont passé un jour ici,
» et elles doivent être, à présent, ren-
» dues à mon château, situé sur la ligne
» qui sépare Bergerac de Cahors. »

Je revins tout-à-fait à la vie et même à la gaîté. J'allai chercher Poussanville, dont l'activité ne se démentait jamais. Il exerçait les troupes, quand je l'abordai. « Voilà, lui dis-je, un ti-
» tre qui te donne le droit de les com-
» mander. » Les caresses du maréchal lui avaient été arrachées par sa promotion au premier grade de l'armée; celles dont me combla mon ami, venaient de son cœur autant que de son ambition satisfaite. Il me choisit une compagnie d'élite, et m'en proclama

le capitaine, avec les formalités d'usage. Quelle différence de ma position actuelle, d'avec celle où j'étais en partant d'Étampes! J'avais un rang dans le monde, et une femme charmante, adorée, que j'avais l'espoir de rejoindre bientôt.

L'état militaire rapproche les hommes, en certaines circonstances, et il règne, dans les camps, une sorte d'égalité qu'on ne connaît pas dans les palais. Le maréchal déclara à son maréchal-des-camps, et à monsieur le capitaine, qu'ils étaient admis à son intimité, sous la tente, et nous dînâmes avec l'appétit de gens qui sont presque toujours exposés au grand air.

« Parlons d'affaires, nous dit le ma-
» réchal à la fin du repas. La Moucherie,
» vous voilà capitaine; les événe-
» mens de la guerre peuvent vous

» séparer de moi; la solde des troupes
» est loin d'être assurée, et je ne veux
» pas que vous connaissiez le besoin.
» Voilà dix mille livres en or,ména-
» gez-les. Général Poussanville, je vous
» connais assez pour ne pas craindre
» que vous manquiez jamais de rien.
» Cependant c'est vous qui avez fait
» ma caisse, vous y avez des droits in-
» contestables, prenez-y ce que vous
» voudrez.

» — Vous nous parlez, Monseigneur,
» comme si vous alliez nous quitter. —
» C'est ce qui peut arriver, mon cher
» Poussanville. Je tenais pour le parti
» des Guise : les circonstances et mon
» intérêt personnel m'avaient seuls dé-
» terminé. Mais l'honneur me parle en
» ce moment. Henri est sans doute
» indigne du trône; mais il est mon roi
» légitime, et, sans que j'aie rien fait

» pour lui, depuis le siége de la Ro-
» chelle; sans que j'aie sollicité ses fa-
» veurs, il vient au-devant de mes dé-
» sirs les plus chers; il me nomme
» maréchal de France. Il a acquis mon
» épée, et je la lui consacre. Le parti
» que j'adopte est périlleux; je renonce
» à tous mes avantages, je le sens; mais
» la postérité et l'histoire m'attendent.

» Poussanville, je suis à la tête de
» quatre mille ligueurs. Henri s'est dé-
» claré leur chef suprême; mais je suis
» persuadé qu'ils ne recevront d'ordres
» que du duc de Guise. Je vous en remets
» le commandement. C'est au duc que
» vous devez votre grade actuel; vous
» voyez que notre position n'est plus
» la même. Faites ce que vous croirez
» convenable; moi, je vais me retirer
» à Biron, en attendant que le roi puisse
» me donner une armée.

» Je vous y suivrai, Monseigneur,
» m'écriai-je! — C'est bien, c'est très-
» bien, la Moucherie. Et vous, Pous-
» sanville, à quoi vous décidez-vous? —
» Monseigneur, je n'attends rien de la
» postérité ni de l'histoire. — Je vous en-
» tends, Monsieur. — Si j'avais, comme
» la Moucherie, une femme que j'ado-
» rasse; si j'avais, en vous suivant, la cer-
» titude de la retrouver, je ne balance-
» rais pas. — Monsieur, quel que soit le
» motif qui ait déterminé la Moucherie,
» et que vous pouviez vous dispenser
» d'approfondir, il partira avec moi. »

Le maréchal venait d'autoriser Poussanville à puiser à la caisse. Il en fit deux parts, et il demanda au chef, qu'il abandonnait, s'il abusait de la permission qu'il avait reçue. M. de Biron lui répondit par un signe d'acquiescement, et la part de Poussanville fut aussitôt chargée sur un des fourgons qu'il avait pris à Lusignan ou ailleurs.

Les deux généraux se quittèrent froidement, et je reçus l'ordre de faire les dispositions nécessaires pour monter à cheval à la pointe du jour.

En allant et venant, en demandant de nouveaux ordres, en les exécutant, je pensais à mes petites affaires. J'avais dix mille francs, et je n'étais, au fond, ni royaliste, ni guisard; j'étais Colombien. J'ajouterai à cette somme, me disais-je, la moitié de la succession de mon père, qui est restée à Étampes, où ma mère vivra de l'autre moitié. Avec tout cela, j'achèterai une petite terre, sur laquelle sera une habitation simple, mais commode et propre. Là je vivrai avec Colombe, obscur, mais heureux. La culture de notre bien m'occupera pendant la journée. Colombe se chargera des soins du ménage et de la basse-cour : nous aimons tous deux la volaille et les œufs frais. Elle m'apportera aux champs un dîner frugal, mais substantiel, qu'elle partagera avec moi. Le soir, elle viendra me prendre pour me reconduire dans l'asile du bonheur. Son bras est passé sous le mien; nous nous regardons.... comme on se regarde quand on s'aime. Le chant des oiseaux a cessé; le nôtre commence. C'est d'abord un cantique, auquel succède une chanson d'amour, et nous lui donnons une expression!

Notre petite servante nous attend sur le seuil de la porte. Elle tient dans ses bras notre nouveau né, que nous comblons de caresses. Bientôt il est suspendu au sein charmant de sa charmante mère. Le couvert est mis; nous soupons gaiement, et nous passons tous deux dans mon oratoire. Il est semblable à celui qu'avait arrangé Colombe à la Rochelle, et où je l'ai vue pour la première fois. Un cierge éclaire l'image de mon patron. Nous le remercions de notre félicité actuelle, et nous le supplions d'en prolonger le cours. Nous entrons enfin dans l'asile des amours et du mystère, et..... ahie, ahie, ahie! oh, quelle douleur! c'est mon sac de dix mille livres qui vient de me tomber sur le pied.

En vérité, le monde n'est qu'une lanterne magique, où les objets les plus disparates passent continuellement sous les yeux du spectateur. Le comte de Montpensier et le sieur de Villeroi arrivent à notre camp. Comment ont-ils su qu'ils trouveraient le maréchal près de Poitiers? ah! c'est par la date de la lettre qu'il a écrite au roi. Ils lui demandent une conférence secrète : que lui veulent-ils?

Catherine fut effrayée enfin de la puissance des Guise. Elle sentit que le sort du roi était entre leurs mains, et elle connaissait leur ambition. Elle résolut de leur opposer encore le roi de Navarre et le prince de Condé. Messieurs de Montpensier et de Villeroi, apportaient au maréchal de Biron l'ordre de se réunir à eux; d'aller trouver Henri IV, à Bergerac, et de traiter de la paix avec ce prince.

« Elle sera signée, me dit Poussan-
» ville ; mais elle ne durera pas. Le
» duc de Guise reprendra son ascen-
» dant, quand il le voudra. Il eût déjà
» frappé le grand coup, si les guerres
» précédentes n'eussent affaibli la
» France, et produit une espèce de

» famine, et les maladies qui en sont
» les suites ordinaires. Il ne veut pas
» régner sur des déserts.

» Le roi d'Espagne soudoie la forte
» armée qu'il a rassemblée. De petits
» corps de ligueurs sont disséminés
» sur toute la France. Je me garderai
» bien de licencier les miens. Quand
» toutes ces forces seront rassemblées
» et mises en mouvement, que leur
» opposeront le roi et les princes
» protestans? Le duc de Guise est
» tellement convaincu de sa supério-
» rité, qu'il permet à Henri III de
» faire la paix.

» Mais il la veut conforme à ses
» intérêts, et il a mis le comte de
» Montpensier, son parent, au nom-
» bre des ministres plénipotentiaires,
» qui vont traiter avec le roi de Na-
» varre. Il croit le maréchal de Biron

» dévoué à son parti, et il ne s'est
» pas opposé à sa nomination. Voilà,
» en peu de mots, l'exposé des motifs
» qui déterminent la conduite des uns
» et des autres. Quel que soit le résul-
» tat des négociations qui vont s'ou-
» vrir, les mains débiles du roi ne
» peuvent plus soutenir son sceptre.
» Il est là, et Guise n'a qu'à se baisser
» et le prendre. Tu vois que je ferais
» un acte de démence en m'éloignant
» de lui. J'entre avec toi dans tous ces
» détails, parce que je veux conserver
» ton amitié. Tu me trouveras disposé,
» dans tous les temps, à te donner des
» marques de la mienne. »

Je redevins la Mouche. Je recueillis le moindre mot; j'observai jusqu'aux physionomies. Je vis clairement que les plénipotentiaires étaient mus par leur intérêt personnel, qu'ils s'efforcaient de cacher sous de grandes phrases. Je fus convaincu que la religion était sacrifiée à des mesures politiques. Poussanville était le seul qui s'exprimât avec bonne foi.

Mais la Religion ! la Religion ! Le roi a juré de la faire régner sur toute la France, et d'exterminer jusqu'au dernier des huguenots ; et il va traiter avec eux, et il va opposer Baal au Dieu d'Israël ! Ainsi ses processions, ses macérations ne sont que des grimaces.

Ces pensées me mettaient en fureur, et j'étais tenté de rester avec Poussanville. Mais Colombe était à Biron, et Biron n'est pas éloigné de Bergerac. O mon patron, inspirez-moi ce que je dois faire ! il m'inspira de suivre le maréchal.

Nous partîmes. J'avais proposé à l'homme qui m'avait suivi depuis Saurigny, de s'attacher à moi, et André y avait consenti. Des habits décens avaient remplacé ses haillons. Je causais avec lui, en marchant sur la Ville-Dieu, et sa conversation avait du charme. Lui parlais-je de Colombe, il répondait en homme sensible ; de la Religion, il attribuait à la colère céleste les maux qui affligeaient la France. Faisais-je une citation latine, il achevait la phrase. Il se montrait instruit, de quelque sujet que je lui parlasse, et il devenait plaisant, quand je lui paraissais gai. C'était un homme de quarante ans, d'une figure agréable. Il me parut fort au-dessus de l'état où je l'avais trouvé à Saurigny, et même de sa situation actuelle. Il piqua ma curiosité, et il était naturel que je voulusse la satisfaire.

CHAPITRE III.

Histoire d'André.

André consentit volontiers à me raconter ses aventures. Nous n'avions rien de mieux à faire, lui que de parler, moi de l'entendre.

Je naquis à Angoulême, en 1537, sous le règne de François Ier, qui fut évidemment le père des lettres, quoiqu'il supprimât l'imprimerie, et qu'il inventât la censure. Mon père était un riche fabricant d'Angoulême. Sa profession n'était qu'utile, et par conséquent peu considérée. Il viendra peut-être un temps où les hommes apprécieront les choses à leur juste valeur. S'il eût pu se choisir un père, il est vraisemblable que je serais le fils d'un roi.

Dans des temps de guerres, étrangères ou civiles, il faut choisir entre deux partis, l'encensoir et l'épée. L'encensoir met à l'abri de tous les dangers, et est brave qui peut; moi, je ne l'étais pas. Mon père penchait pour l'épée, parce qu'elle ennoblit, dès qu'on est parvenu au grade de capitaine, et il n'est pas de vilain qui ne soit bien aise d'être l'ayeul de petits gentillatres.

En conséquence, mon père m'avait acheté un mousquet, une épée, une hallebarde, et une cuirasse, de dimensions et d'un poids relatif à mes forces. Je ne regardais pas mon arsenal, et je jouais à la chapelle avec mes camarades. Ma mère avait grand soin d'entretenir ce goût naissant, parce que, disait-elle, elle n'entendait pas que je me fisse tuer pour des intérêts qui ne pourraient être les miens.

Ce que femme veut, Dieu le veut, et, par conséquent, son mari aussi. Mon père me fit entrer au collége des jésuites. On parle beaucoup de la morale relâchée des révérends pères. Moi, je confesse n'avoir jamais entendu, dans mon collége, un seul mot qui fût répréhensible, ce qui ne prouve rien, cependant, en faveur des jésuites, car s'ils ont des principes erronés en morale et en politique, ils ne sont pas assez insensés pour initier leurs bambins aux secrets de l'ordre.

Au reste, j'appris, sous eux, le latin, le grec, la géographie, l'histoire, les mathématiques, l'astronomie, la physique, et une mauvaise philosophie. C'est-à-dire, que j'appris, des hautes sciences, ce qu'il en fallait pour achever seul mon éducation, quand je sortirais du collége.

Ma mère mourut, et je la regrettai beaucoup, quoique ce fût une chose toute naturelle, et qui devait arriver un peu plutôt, ou un peu plus tard : tout ce qui commence doit croître, décroître et finir. Mon père me notifia qu'il allait me retirer du collége, parce que j'étais beaucoup plus savant que lui, et qu'ainsi j'en savais assez. Le père recteur lui dit qu'il avait préparé, pour la clôture de l'année scholastique, un exercice public, qui devait faire le plus grand honneur à sa maison et à moi. Il le pria de ne pas me dérober aux éloges qui m'attendaient, et dont je me sentais si digne. Je joignis mes instances à celles du recteur, et mon père se rendit.

De ce moment, tout changea autour de moi. Les jésuites me comblèrent de marques d'amitié, et je les trouvai charmans. Ils me peignirent le monde comme un écueil, où je perdrais mon innocence et mon âme, et je frissonnai. Ils me vantèrent la sécurité dont je jouirais dans le cloître, et la haute considération que je partagerais avec eux. Je brûlai de me ranger sous les bannières de saint Ignace.

Le jour, où les prix devaient être distribués, jaillit enfin du sein de l'éternité. Jamais le soleil ne m'avait paru si brillant. Il me semblait ne s'être levé que pour éclairer mon triomphe. Déjà, je me voyais, le front et les mains chargés de couronnes et de livres, traversant pompeusement les rues d'Angoulême, et suivi par d'inépuisables applaudissemens.

L'assemblée était brillante et nombreuse. Sur le premier banc étaient placés deux évêques ; les jésuites aiment beaucoup à être bien avec les évêques. A la droite et à la gauche des deux prélats, figuraient leurs grands-vicaires, les curés et les vicaires d'Angoulême, sur qui leurs Grandeurs semblaient laisser tomber un rayon de leur gloire. Le président du bailliage, le procureur du Roi, les juges, quelques braillards d'avocats et un général étaient au second rang, comme de raison. Il est cependant écrit : qui prendra la première place, sera mis à la dernière; mais on ne pense pas à tout.

Après les illustres personnages que je viens de désigner, étaient assises les femmes de qualité, jeunes, vieilles, belles et laides, parce que le grand roi Henri II, pensait comme le grand roi son père, le roi chevalier, qu'on doit porter respect aux dames. Or, il est du bon ton d'adopter, de proche en proche, les usages, les modes et les fantaisies de la cour.

Par derrière, étaient entassés et confondus le négociant, le fabricant, le savant, le poète, leurs femmes, leurs filles, le capucin, le récollet, le procureur et l'huissier à verges. Les domestiques et les cuisinières montraient humblement le petit bout de leur nez, à travers la fente de la porte d'entrée, qu'on avait laissée entrebâillée, afin que chacun pût participer à la fête.

On commença, selon l'usage établi depuis la renaissance des lettres, par interroger le fretin, c'est-à-dire, les écoliers des basses classes. Ils expliquèrent Phèdre et le Cornelius-Nepos comme de petits anges, ce qui leur valut de la part de leurs régens de petites tapes sur les joues. Le tour des rhétoriciens, des philosophes vint ensuite. Ils brillèrent tous, parce que le programme avait été arrangé d'après leur capacité.

Moi, je ne voulus rien devoir à de petites intrigues de collége, et je me promis bien de m'ouvrir une route nouvelle, quand je serais interrogé.

Monseigneur l'évêque de Périgueux me fit l'honneur de me mettre en scène, et me demanda du latin et du grec. Je badinai avec Horace, Térence, Saluste et Tacite; avec la théogonie d'Hésiode, et la retraite des dix mille de Xénophon. L'air d'incertitude avec lequel on m'écoutait, on me regardait me persuada que Monseigneur, son illustre confrère, et le clergé ne savaient pas un mot de grec, et n'entendaient de latin que celui de leur bréviaire. Je ne tardai pas à m'en convaincre.

Monseigneur de Cahors me demanda la traduction de quelques passages du premier livre de l'Énéide. Je lui traduisis le second avec une verve, une chaleur dont je ne me croyais pas capable. Ce n'est pas cela, me dit à l'oreille le régent de rhétorique. J'allai toujours, et je racontai le sac de Troie, sans que personne se lassât de m'entendre, et cependant cette histoire est longue. Je fus couvert d'applaudissemens.

Toutes les physionomies exprimaient une vive satisfaction. Celles des jésuites seuls restèrent froides, et me parurent sévères.

En effet, mon espièglerie pouvait être découverte; il est même étonnant qu'elle ne le fût pas. Monseigneur de Cahors eût trouvé très-mauvais que les jésuites fussent entrés, par leur silence, dans la mystification dont il était victime, et ils attendaient de lui un éloge pompeux dans son prochain mandement.

Il était tard, et la mort de Priam n'avait ôté l'appétit à personne. On résolut de terminer la séance, en m'adressant quelques questions, auxquelles je pourrais répondre en peu de mots. On me demanda l'histoire de la formation du monde. On s'attendait à une réponse de catéchisme, et je me jetai dans les hauteurs de l'astronomie et de la physique.

« La terre, dis-je, est visiblement
» une émanation du soleil. Elle est une
» superfétation de son écume, qu'il
» lança dans l'espace avec une force
» qui lui imprima son mouvement de
» rotation. Il est indubitable qu'elle fut
» elle-même un noyau de feu. Les
» traces de calcination qu'on rencontre
» sur tous les points du globe attestent
» cette vérité. Les volcans, d'ailleurs... »
J'allais ajouter les plus belles choses
du monde à ce premier exposé. Une
voix aigrelette cria à l'hérésie; une
seconde voix cria au matérialisme,
une troisième à l'athéisme. Tout le
monde se leva, vociféra, me menaça.
On regardait les jésuites de travers : il
fallait qu'ils fussent les instigateurs
d'un petit drôle, qui n'avait pu ima-

giner les sottises qu'il venait de débiter. Les clameurs se dirigèrent contre eux. On entendait dominer les cris : A bas Loyola !

Les jésuites sont quelquefois embarrassés. Ils ne le sont pas long-temps : ils ont tant d'esprit et d'adresse ! Ceux-ci imaginèrent de prouver leur innocence en me chassant de la salle à grands coups de pied dans le derrière. Cet argument n'est pas sans réplique. Cependant il prévalut. Je rentrai chez mon père, sans prix, sans couronnes ; et au lieu de me consoler, il me dit que je m'étais conduit comme un sot.

On ne parla dans Angoulême que de l'écume du soleil qui forme des mondes. Il parut certain que je ne tenais pas ces idées des jésuites, puisqu'ils m'avaient donné des coups de pied dans le derrière. Elles ne pouvaient m'avoir été communiquées que par mon père, avec qui j'étais en contact continuel. C'est ainsi que se communiquent la lèpre, et la petite vérole. Mon pauvre père savait à peine signer son nom.

L'écume brouillait toutes les cervelles ; mais toutes s'accordaient sur un point : le délicieux spectacle de l'Estrapade était supprimé ; on pouvait le suppléer, jusqu'à certain point, en m'enfermant avec mon père dans notre manufacture, et en y mettant le feu. Il est constant qu'il n'y a plus rien à répondre après cet argument-là.

Les plus zélés s'empressèrent de vider leurs buchers ; d'autres se contentaient d'apporter de la paille. Nous ne nous doutions de rien, mon père ni moi. Je rêvais physique et lui multiplication. Mais il faisait vivre cent cinquante ouvriers, répartis dans tous les bâtimens. Assez d'écume comme cela, crièrent-ils; du pain, du pain! Ils se jettent sur les fagots, les délient, et tombent à grands coups de bâton sur les assaillans. Ils en blessent une douzaine, et dispersent les autres, comme le vent de bise chasse devant lui les feuilles mortes.

On doit vouloir brûler ceux qui croient à la puissance de l'écume du soleil; mais on ne se soucie pas de se faire estropier, en tentant de faire une bonne œuvre. Les habitans d'Angoulême rentrèrent chez eux, et se remirent à leurs petites affaires : c'est ce qu'ils pouvaient faire de mieux. Les magistrats trouvèrent fort bon qu'on eût prévenu un incendie, qui pouvait consumer une partie de la ville. A la vérité, leurs maisons étaient voisines de notre manufacture.

Vous sentez bien, Monsieur de la Moucherie, que le couvent des jésuites et tous ceux de la ville me furent fermés sans retour. J'avais cependant une vocation prononcée; mais que doit faire un homme raisonnable, trompé dans ses désirs les plus chers? se consoler et rire, et c'est le parti que je pris.

« Savez-vous, M. André, que vous êtes
» un grand philosophe? — Monsieur est
» bien bon. — Mais que votre philoso-
» phie est extrêmement dangereuse.
» Où en serions-nous si nous admettions
» vos idées sur l'écume du soleil? —
» Monsieur voit bien que ce sont les
» idées fugitives d'un enfant de quinze
» à seize ans. Le temps les a effacées. —
» Oh, tant mieux, mon cher André. Je
» vous préviens que je suis très-zélé
» catholique, et que je ne peux vivre

» qu'avec ceux qui partagent mes opi-
» nions religieuses. Nous entrons à la
» Villedieu. Après le dîner, vous me
» raconterez la suite de votre histoire.
» Elle m'amuse, mon cher André. —
» Je m'amuse aussi beaucoup en la ra-
» contant à monsieur. — Mais comment
» se fait-il que j'aie trouvé un homme
» comme vous mendiant à Saurigny? —
» Comme on a trouvé Denis de Syracuse
» maître d'école à Corinthe. — Il est
» impossible de mieux répondre. »

J'allai prendre les ordres de M. le maréchal. Il n'en avait pas à me donner. Il me recommanda seulement d'être prêt à remonter à cheval, quand il m'avertirait. Je voulais dîner, et le maréchal ne me dit pas un mot sur ce sujet important. Je m'adressai à son major-dôme. Il m'apprit qu'un capitaine d'infanterie ne peut avoir l'honneur de manger avec les plénipotentiaires d'un roi de France; qu'il allait les faire servir; que les domestiques mangeraient ce qui resterait, et qu'il m'engageait à me pourvoir comme je le pourrais. « Le fourgon qui porte les » vivres, ajouta-t-il, passera à la Ville- » dieu, pendant que nous nous y reposerons. Il sera à Civray aussitôt que » nous, et là, nous serons dans l'abondance.

» Mais en attendant l'abondance, » me dit André, il est dur de ne pas » dîner. Je vais à la provision. — An- » dré, voilà un écu d'or. — Ce n'est pas » la peine de le changer. J'ai de la mon- » naie. — Ah, vous avez changé à Sau- » rigny, le doublon que je vous ai » donné? — Le voilà, Monsieur; » et il le tire d'une bourse complètement garnie. «Mais comment se fait-il donc,

» André, que je vous aie rencontré,
» demandant l'aumône à Saurigny? —
» Vous saurez cela, Monsieur, avant
» que nous soyons à Civray. »

Il part comme un trait, et revient, quelques minutes après, avec une grosse tranche de jambon, un quartier de pain bis, et une dame jeanne d'un petit vin blanc, qui n'était pas désagréable. « La philosophie, me dit-il, m'a » appris que pour conserver la tête » lucide, il faut garnir l'estomac. » Il ajouta que chaque paysan a des vivres; qu'il les cache soigneusement, parce qu'il craint également les catholiques et les huguenots; mais que la cachette s'ouvre à l'aspect d'un écu d'argent.

Il me semble que je ne devais pas tenir à l'étiquette avec un domestique, grand philosophe, et à qui je devais la faculté de dîner. Je me plaçai sous un chêne, et j'invitai André à s'asseoir près de moi. Il prit, de nos provisions, ce qui lui était nécessaire, et il alla s'établir à quelques pas de moi.

Cet homme-là m'étonne de plus en plus, me disais-je. Il joint, aux qualités que je lui connaissais déjà, le tact des convenances. Pourquoi donc demandait-il l'aumône à Saurigny ?

Il vit les domestiques des ministres du roi qui préparaient les chevaux. Il courut brider le mien. Le signal du départ fut donné. Je me mis en selle; André sauta sur son mulet, et toute la caravane prit le chemin de Civray.

« André, où en étions-nous de votre
» histoire, quand nous sommes arrivés
» à la Villedieu?.... ah, tous les cou-
» vens d'Angoulême vous furent fer-
» més, et vous avez pris, en homme rai-
» sonnable, le parti de vous consoler

» et de rire. » Il continua son récit.

Ce premier orage était calmé. Il s'en préparait un second, qu'aucune puissance ne pouvait conjurer. Mon père devint amoureux d'une jeune personne qui était très-jolie ; il n'y a pas de mal à cela ; qui avait beaucoup de vertu, ce qui est quelquefois un défaut capital. Mon père crut que c'était une qualité, et il l'épousa.

Le grand roi François premier avait fait en Italie, et ailleurs, de longues promenades, qui ne l'avaient pas toujours amusé. Le grand Henri II, son fils, crut devoir se promener ; mais dans ses États seulement. Il vint à Angoulême, où on lui donna des fêtes magnifiques : c'est l'usage. Les magistrats en font les honneurs ; c'est le peuple qui paie.

Le corps de la noblesse n'est pas

nombreux à Angoulême, et elle ne peut danser, sans élever jusqu'à elle quelques vilains, ce qui lui paraît très-désagréable ; mais le besoin rapproche les hommes. Ma belle-mère était une trop jolie vilaine pour être oubliée.

Le roi lui fit l'honneur de danser souvent avec elle; il daigna quelquefois lui serrer la main. Il la lui serra plus fortement et plus long-temps, quand sa timidité lui permit de développer les grâces qui lui étaient naturelles.

Un roi ne s'en tient pas long-temps à des serremens de main. Le grand Henri II s'exprima en galant chevalier. Il tenait du grand François premier, son illustre père, le goût de la chevalerie, qui lui coûta un œil, dans un tournois qu'il donna, rue Saint-Antoine à Paris, et la perte de cet œil entraîna celle de toute sa personne.

Ma belle-mère n'entendait pas le langage de la chevalerie. Elle regardait le roi d'un air étonné, en faisant ses pirouettes. Le roi s'exprima plus clairement, et lui fit comprendre qu'il voulait lui faire l'honneur de la déshonorer. Ma belle-mère laissa le roi pirouetter tout seul, et s'enfuit à l'extrémité de la salle.

Le roi l'y suivit, et la fatigua de ses adorations. Il adorait déjà Diane de Poitiers. Apparemment que deux amours peuvent se loger dans le cœur d'un grand roi.

Ma belle-mère, excédée, indignée, révoltée, sortit brusquement de l'hôtel-de-ville, et courut chercher un asile dans les bras de son mari. Le lendemain matin, deux jésuites, qui ne pouvaient me pardonner mon écume, Montgommeri et sa garde écossaise entrèrent chez nous. Ils firent partout les plus rigoureuses perquisitions, et trouvèrent un livre que je n'y avais jamais vu. C'étaient les psaumes de David, mis en vers français par Marot. Il est clair qu'un exemplaire de cet ouvrage ne peut se trouver que chez un huguenot. On se conduisit d'après ce principe incontestable.

On enleva le livre, et ma belle-mère aussi. On pilla la caisse de mon père; on brisa ses instrumens de fabrication. La populace s'ameuta, grimpa sur les toits des bâtimens, et, en moins de six heures, il n'en resta pas une pierre à sa place.

Nos ouvriers n'avaient rien perdu de leur énergie; mais la garde écossaise protégeait les travailleurs, et ces protecteurs-là paralysent les bras les plus robustes.

Nous nous promenions tristement, mon père et moi, sur ces débris qui attestaient notre misère. Il ne nous restait plus rien au monde, et cela parce que ma belle-mère avait de la vertu.

Nous n'entendîmes plus parler d'elle, et le roi alla danser, et manger des pâtés à Périgueux.

Nous sortîmes d'Angoulême, et nous allâmes vendre à Cognac, quelques bagues qu'on n'avait pas pensé à nous voler. Nous eûmes bientôt mangé le produit de nos bijoux, et nous cherchâmes des moyens d'existence. Mon père eut le bonheur de tomber malade et d'être reçu à l'hôpital. Il y mourut, parce que sa femme avait de la vertu. J'assistai pieusement à ses funérailles.

C'est tout ce que je pouvais faire pour lui.

Cependant j'avais faim, et j'allais dans les maisons de Cognac, qui avaient le plus d'apparence, demander à manger, et des écoliers qui voulussent apprendre la physique et l'astronomie. On me demanda si je savais faire de l'eau-de-vie. Je répondis que non, et on me tourna le dos.

Le marquis de Marignan entra dans Cognac avec un détachement de cavalerie : il allait prendre le commandement des troupes françaises en Italie. Vous savez, Monsieur, que je n'ai pas l'humeur belliqueuse; mais je n'avais pas dîné. Il est de droit naturel que celui qui a faim prenne ce qu'il trouve. Les lois sociales ont décidé que celui qui n'a rien doit mourir de besoin, et j'ai toujours évité d'avoir des démêlés avec la justice. Je m'enrôlai, pour avoir du pain. Me voilà forcé de regarder à droite, quand je veux porter la tête à gauche; d'avancer, quand je veux reculer; de trotter, quand je veux aller au pas; de ployer sous le poids d'un mousquet, d'une épée, d'une pertuisane, et tout cela parce que ma belle-mère avait de la vertu.

Je me trouvai à la bataille de Marcian, en Toscane. Je regardai derrière moi, et je vis qu'il m'était impossible de battre en retraite. Je tirai quelques coups de mousquet, en fermant les yeux. Après la bataille, mon capitaine prétendit que je m'étais comporté comme un héros, et il me donna la hallebarde. Me voilà chargé du commandement de dix hommes, que j'aurais voulu voir à tous les diables, avec le reste de l'armée, moi excepté. Malgré sa victoire, le marquis de Marignan conclut une trêve de cinq ans avec le duc de Milan. C'était bien la peine de faire tuer tant de monde!

On me conduisit dans la Picardie, et on m'y notifia que j'obéirais au connétable de Montmorenci. J'étais las d'obéir, et je voulais reprendre possession de ma personne. Mais j'avais des soldats devant moi, derrière moi, et des officiers voltigeaient à cheval sur les flancs des colonnes. Je fus encore forcé de me trouver à une bataille. Le duc de Savoie attaqua le connétable sous les murs de Saint-Quentin. Quel démon force à se battre des gens qui ne se sont jamais vus?

Les Français furent mis en déroute, et je voulus déserter, à la faveur du désordre et du tumulte. La foule des fuyards me porta jusqu'à la Fère, où le duc de Nevers prit le commandement des débris de l'armée. Encore un commandant ! Ils semblaient sortir de dessous terre.

Le duc de Nevers faisait bonne chère; mais il ne nous payait pas. Il ne nous donnait qu'un quart de ration par jour, et il défendit la maraude, sous peine de mort. Je ne concevais pas que lorsqu'un roi vole une province, il défende à ses soldats d'escamoter une poule. Je trouvai cet ordre injuste, ridicule, absurde, et je m'écartai dans la campagne. Je fus trouvé nanti d'un quartier de lard dont un bout dépassait le bas de mon pourpoint. On instruisit mon procès en cinq minutes, et je fus condamné à être pendu. Pendu, parce que ma belle-mère avait de la vertu !

L'armée de Saint-Quentin avait

beaucoup d'aumôniers. Mais au moment de la déroute, ces messieurs avaient pensé à se mettre en sûreté. Ils avaient jugé, avec beaucoup de sagacité, que le duc de Savoie poursuivrait les fuyards, et ils s'étaient dirigés sur Vervins. A notre arrivée, le clergé de la Fère s'était porté sur Soissons. Le duc de Nevers était très-bon catholique. Il ne voulut pas que je fusse pendu sans confession, et il me mit sous la garde d'une vingtaine d'hommes, pendant qu'on me chercherait un confesseur.

Le lendemain d'une défaite, le soldat n'est pas remis de la terreur qui lui paralyse les bras, mais qui donne une action incroyable à ses jambes. Le nom seul du duc de Savoie répandait l'alarme dans nos rangs. Une fausse alerte mit en déroute nos avant-postes. Mes gardes s'enfuirent les premiers. Je dénouai, avec mes dents, les cordes qui garottaient mes mains, et je m'enfuis comme les autres.

A quelques lieues de là, je rencontrai Coligny, grand-amiral de France, quoiqu'il n'eût jamais mis le pied sur un vaisseau. Fait prisonnier à Saint-Quentin, il avait trouvé le moyen de s'évader, et quand on se sauve de prison, on laisse nécessairement ses bagages et ses domestiques derrière soi. Nous étions à pied tous les deux, assez mal vêtus l'un et l'autre, et, dans cette situation, un goujat et un grand amiral se ressemblent parfaitement. Malgré cette égalité, je l'abordai respectueusement ; cela était tout simple : j'avais besoin de lui.

Un général, tout seul, ne joue pas un grand rôle ; on n'est jamais orgueilleux que devant témoins. Le pourpoint de monseigneur Gaspard de Coligny était percé au coude; sa fraise était sale, et il n'avait pas même une houssine à la main. Il n'y avait pas là de quoi trancher du grand seigneur. Aussi reçut-il fort bien mon hommage : il avait aussi besoin de moi.

Il me parla d'abord de la bataille de Saint-Quentin, des fautes qu'avait commises le connétable : je n'entendais rien à cela. Je lui répondis par des contes; je le fis rire, malgré sa triste situation, et il me demanda si je voulais entrer à son service. Vous sentez bien, Monsieur, que j'acceptai sans balancer.

« Ah, André, entrer au service d'un
» hérétique, d'un huguenot! — Vou-
» driez-vous bien me dire, Monsieur,
» ce que vous eussiez fait à ma place?—
» Hé, hé, André, je crois que j'aurais

» refusé. — Oui, à présent que vous
» venez de dîner. Mais si vous n'aviez
» rien pris depuis hier? — Je crois.....
» je crois..... — Je crois, Monsieur,
» que vous auriez fait comme moi. Je
» continue mon histoire. »

Monseigneur Gaspard avait autant d'appétit que moi, et il avait caché quelques pièces d'or dans une de ses bottines. Il me proposa d'arrêter au premier village qui s'offrit sur la route. Je me chargeai de lui faire la cuisine : c'était un moyen sûr de dîner avant lui.

Nous trouvâmes là une méchante cariole, un mulet, et un paysan de bonne volonté, qui nous conduisirent à Laon. Quelques officiers, qui avaient conservé leurs chevaux, étaient arrivés avant nous sur la montagne à pic qui porte cette vieille ville. Le Français rit de tout. Ces messieurs s'amusèrent un moment de notre grotesque équipage. Mais quand ils en virent descendre l'amiral, ils le saluèrent avec une gravité imperturbable, et ils lui offrirent des habits, des armes, et des rafraîchissemens. Pendant que monseigneur quittait ses guenilles, je m'emparai d'un vieux costume de clerc, qui se trouva là, je ne sais comment. Le plus fin sorcier ne se fût pas douté que j'eusse eu l'honneur d'appartenir à l'armée française. J'allai ensuite aider à l'amiral à terminer sa toilette.

Cet homme, qu'on eût pris, un quart d'heure auparavant, pour un des derniers officiers de l'armée, reparut avec ses grands airs. Aurions-nous plus de confiance en nos habits qu'en notre mérite?

L'amiral me conduisit à Paris, où il

allait remonter sa maison, et demander de nouvelles troupes à la cour. Depuis qu'il était richement vêtu, il ne me parlait plus que pour me donner des ordres. Il s'ennuyait, je le voyais bien; mais il s'ennuyait avec dignité. Son silence me permit de penser à ma nouvelle position.

Te voilà donc valet, mon pauvre André! Te voilà aussi soumis que lorsque tu étais soldat, avec cette différence, cependant, que tu peux quitter ton maître, et que tu étais cloué à ton drapeau. On prétend qu'il y a beaucoup d'honneur à se faire tuer d'un coup de canon, ce dont je ne suis pas convaincu du tout, et qu'un valet est un être dégradé.

Cependant les grands seigneurs ne sont-ils pas, sous des dénominations différentes, les très-humbles serviteurs du roi, quand il a, toutefois, quelque chose à leur donner? Et puis, le grand capitaine Lahire n'était-il pas le varlet de Charles VII? Cela est prouvé par les cartes à jouer, où il est conservé sous la figure du valet de cœur. On a supprimé l'*r*, voilà tout. Or, si un fameux général fut le valet d'un roi, vous pouvez très-bien, Monsieur André, être celui du grand-amiral de France. Ce raisonnement me parut sans réplique.

Monseigneur Gaspard était très-content de mes services, et des plaisanteries que je me permettais, quand je le voyais disposé à s'en amuser. Il me menait partout avec lui, soit qu'il fît la guerre pour le roi, soit qu'il la fît contre lui. Quand on se battait, je me tenais aux équipages. Vous savez, Monsieur, que je n'aime pas la poudre.

Quand on voyage beaucoup, on a souvent de la peine ; mais on rencontre, parfois, quelque chose de bon. Nous étions à la Rochelle. Un fourbisseur vint prendre à monseigneur la mesure d'une cuirasse. Il s'était fait accompagner de sa fille, qui devait prendre celle des coussinets piqués, qui amortissent la dureté du fer. Je n'avais rien à faire, et je regardais la jeune fille. Elle était très-jolie, très-bien faite ; elle avait beaucoup de grâce ; j'étais dans l'abondance, dans le désoeuvrement : rien ne dispose comme tout cela à devenir amoureux.

J'allais, tous les jours, chez le fourbisseur, et je trouvais toujours l'occasion de glisser quelques mots à Guillelmine. D'abord, elle se bornait à m'écouter ; bientôt elle me répondit, et très-tendrement : c'est la marche ordinaire du cœur féminin. Je lui proposai de l'épouser. Elle rougit : c'est répondre.

Je demandai sa main à son père : il n'avait rien à refuser au valet favori de l'amiral. Je fis part de mes vues à monseigneur. Il me répondit que je ferais ce qu'il me plairait ; mais qu'il n'y a qu'un sot qui se marie dans la situation où j'étais.

J'avais vu qu'il dépendait de moi de faire une maîtresse. Mais on ne restait pas long-temps en place avec monseigneur Gaspard. J'aurais été obligé de laisser Villelmine à la Rochelle, et j'aimais pour la première fois. Mon titre de mari devait l'obliger à me suivre à ses risques et périls, et je priai un ministre calviniste de nous donner sa bénédiction.

« Ah ! André, André ! épouser une

» femme huguenote, et requérir le mi-
» nistère d'un prêtre de cette abomi-
» nable religion! Savez-vous bien, mon
» cher, qu'une telle union n'est qu'un
» concubinage, et que vos enfans, si
» vous en avez, sont des bâtards. —
» D'abord, Monsieur, je n'ai pas d'en-
» fans, et je n'en aurai pas, parce que
» je ne sais ce que ma femme est deve-
» nue. — Que mon saint patron vous
» amène à résipiscence. »

Nous rentrâmes en campagne, et cette fois monseigneur Gaspard allait se battre contre le roi, qu'il avait si bien servi à Saint-Quentin : la tête d'un homme est un magasin d'idées incohérentes et contradictoires.

Monté sur un superbe coursier, monseigneur marchait bravement, fièrement à la tête de ses troupes. Villelmine et moi, juchés chacun sur un criquet, suivions l'armée à une distance convenable. Nous nous tenions la main, et nous nous disions les plus jolies choses du monde : on a toujours quelque chose à se dire pendant la première huitaine du mariage.

Le bruit du canon mit fin à nos madrigaux en prose. Nous regardâmes devant nous, et nous vîmes qu'on se battait vivement dans la plaine de Moncontour. Il s'agissait de savoir qui triompherait de Sixte IV ou de Calvin. On ne peut pas massacrer des hommes pour une plus belle cause.

Malgré les talens, la valeur et les efforts de l'amiral, Calvin fut vaincu. Monseigneur fit, dit-on, une retraite magnifique. Tout ce que je sais, c'est que nous entrâmes avec lui, et une partie de ses troupes, à Saint-Jean-d'Angély.

Les vainqueurs ne sont pas toujours généreux. La cour pensa que le parti Huguenot serait anéanti, si on pouvait se défaire de monseigneur Gaspard. Elle le fit condamner à mort par le parlement de Paris, et il n'était pas facile de mettre l'arrêt à exécution. Mais les gens d'esprit ne sont jamais embarrassés. On proclama qu'un prix de cinquante mille écus serait délivré à celui qui assassinerait l'amiral. Il est constant que le second moyen pouvait être plus expéditif que le premier.

Monseigneur avait un valet de chambre nommé Dominique d'Albe. Ce drôle-là faisait sa cour à Villelmine, même en ma présence, et un mari n'aime pas cela. Villelmine me protesta qu'elle ne l'écoutait pas, qu'elle ne l'écouterait jamais. Je ne savais trop qu'en croire. Mais un beau matin, elle me prouva qu'on peut être fidèle à son mari, après trois mois de mariage. Elle vint me dire que Dominique apprêtait le déjeuner de monseigneur, et qu'elle lui avait vu mettre une pincée, elle ne savait de quoi, dans sa coupe de vermeil.

J'aurais pu lui demander ce qu'elle faisait à cette heure-là auprès de Dominique. Je ne pensai qu'à me débarrasser d'un homme dont les assiduités me tracassaient. Mon devoir, d'ailleurs, m'ordonnait de sauver la vie de mon maître. Je ne sais lequel des deux motifs fut le plus puissant, et c'est ce que je n'examinai pas : on n'ergote pas avec soi-même, quand on fait son bien personnel, et celui d'un homme qu'on veut conserver.

Dominique et moi entrâmes ensemble dans la chambre de monseigneur, qui était loin de penser à mal. Il jouait tranquillement avec la petite chienne de notre hôtesse, qui l'avait pris en amitié. Le coquin plaça la coupe devant lui, avec un air d'embarras qui ne pouvait m'échapper, et qui confirmait ce que m'avait dit Villelmine. Je lui saisis fortement le poignet; j'arrêtai la main de monseigneur, qui déjà se portait sur la tasse, et je lui criai qu'il allait s'empoisonner. Dominique rougit, pâlit. Je le renversai sur le plancher, et j'appelai du monde. On présenta le bouillon à la petite chienne. Elle tomba aussitôt dans des convulsions, qui firent jeter les hauts cris à sa maîtresse. Elle se consola cependant en pensant que la vie du lieutenant-général de Calvin vaut mieux que celle d'un caniche.

Villelmine fut mandée. Elle déclara

ce qu'elle avait vu, et Dominique fut pendu, sans autre forme de procès.

Monseigneur passa au cou de Villelmine sa chaîne d'or, qui fit singulièrement valoir sa peau blanchette, et il la nomma femme de charge de sa maison. Il m'éleva à la dignité de valet-de-chambre, et, de ce moment, nous devînmes deux personnages importans.

Le prince de Béarn, aujourd'hui roi de Navarre, levait des troupes de tous les côtés. Il en faisait venir de l'Allemagne, de la Suisse, de l'Angleterre. Il semblait que tout l'univers dût entrer dans cette querelle-là. La cour trembla, et fit la paix. Elle accorda aux huguenots tout ce qu'ils demandèrent. Défions-nous de nos ennemis, quand ils se montrent trop faciles.

On attira à Paris, par des lettres

remplies d'affection, et de magnifiques promesses, tous les chefs du parti protestant. L'amiral fut comblé de caresses, et gorgé d'or.

Nous dormions, tranquilles sur les apparences, et la foi des traités, dans notre maison de la rue de Béthisy. Tout à coup, le tocsin sonne; des coups redoublés font résonner les portes de la maison. Je me lève en tremblant; je m'habille à la hâte, et je ne perds pas la tête. Je prévois les événemens les plus sinistres, et je cherche à m'échapper.

Je rencontre, sur l'escalier, un grand nombre de forcenés, qui se pressent, qui se poussent, qu'une fureur aveugle porte vers la chambre de l'amiral. Je saute les degrés; ils n'ont qu'un but en ce moment, et leur rage est telle qu'ils ne m'aperçoivent pas.

Je parviens jusqu'à la rue, et déjà le pavé est couvert de sang. Les poignards brillent à la lueur des torches funèbres qui guident les meurtriers. Je me jette au milieu des morts et des mourans. Meurtri, à demi-écrasé par ceux qui passaient et repassaient sur mon corps tremblant, le reste de cette nuit affreuse s'écoula dans des angoisses inexprimables.

A la pointe du jour, les bras des assassins tombèrent de lassitude. Je me levai, et j'en vis un qui expirait, appuyé contre une borne. Ce malheureux tenait encore son poignard. Je le saisis. Je remarquai une croix rouge qu'il portait au bras. Je l'arrachai et je la fixai au mien, avec une bande de galon, que j'arrachai de mon pourpoint. Je n'avais plus rien à craindre. Je m'avançai vers la porte Saint-Antoine. Mon poignard, ma croix, me tinrent lieu de passe-port. On me laissa sortir de Paris.

J'étais excédé, anéanti. Je tombai sur la route de Vincennes, et j'y attendis les événemens. Le mestre-de-camp Crillon, fidèle au roi, mais trop brave pour approuver des assassinats, sortit d'une ville souillée de crimes. Il passa devant moi, et me reconnut. Lorsque Coligny rentra dans Paris, Crillon, juste appréciateur du mérite, s'était lié avec lui. Il m'apprit la mort de son ami, et de tant d'illustres personnages. J'étais sans ressources. Il me prit à son service.

Je lui parlai de Villelmine. Je ne devais plus la revoir de long-temps.

Le malheur absorbe quelquefois nos facultés au point de nous rendre insensibles à tout ce qui n'est pas nous.

Je ne trouvai pas une larme à donner à une femme que j'avais aimée.

« Mais il me semble, Monsieur An-
» dré, que vous n'approuvez pas cette
» Saint-Barthélemy qui purgea la
» France d'un sang impur. Savez-vous,
» Monsieur, que le pape consacra cette
» grande journée par les indulgences,
» dont il combla ses auteurs, et par des
» réjouissances publiques? Or ce qu'ap-
» prouve et ce que blâme notre saint
» père le pape doit être approuvé et
» blâmé par tous les bons catholiques.
» — Ma foi, Monsieur, je respecte in-
» finiment les décisions de sa sainteté.
» Mais si vous vous trouviez dans une
» semblable échauffourée, donneriez-
» vous des bénédictions à ceux qui
» vous poursuivraient le poignard dans
» les reins? — Enfin, André, pour-
» quoi demandiez-vous l'aumône à Sau-

» rigny? — M'y voilà, Monsieur, m'y
» voilà. — Il en est temps. Dans un
» quart d'heure nous serons à Civray. »

Je passai du service de M. de Crillon à celui de dix à douze seigneurs, d'humeur et de caractère tout-à-fait différens. Les uns ne me convenaient pas. Je ne convenais pas aux autres : on exige dans ses domestiques des qualités qu'on est souvent loin d'avoir soi-même. Depuis vingt ans je n'avais plus une volonté à moi, et je trouvai dur enfin de vivre toujours pour et par les autres. Je résolus de redevenir indépendant, et cette idée-là est une des plus entraînantes qui jaillisse du cerveau humain.

Le secrétaire d'état, Villequier, mon dernier maître, me dit un jour que j'étais un très-mauvais domestique; mais que depuis un mois je ne faisais plus que ce qui me plaisait. Je lui répondis de travers; il me donna mon congé.

« Cependant, me dit-il, vous ne man-
» quez pas d'une certaine intelligence.
» —Monseigneur est bien bon. —Vous
» êtes actif, quand cela vous convient;
» je vous crois même adroit, insinuant.
» —Monseigneur voudra bien remar-
» quer qu'avec ces qualités-là, on n'est
» pas un mauvais domestique.—Enfin,
» André, vous ne me convenez plus.—
» Monseigneur, il n'y a pas de réplique
» à cela.

» —Je vais vous indiquer un moyen
» de gagner beaucoup d'argent, sans
» dépendre directement de personne.
» —Je l'adopte, sans balancer.

» —Il est difficile qu'un valet de cham-
» bre ne connaisse pas une partie des
» secrets de son maître. Vous vous lie-

» rez avec celui du duc de Guise, et
» lorsque vous aurez découvert quelque
» chose d'utile au roi, et de bien cons-
» taté, vous recevrez cent pistoles. —
» Et qui me les paiera ? — Ce sera
» moi, Monsieur, et en voilà trente
» que je vous donne en avance.—Mon-
» seigneur, il n'est pas de moyen plus
» sûr de commander la confiance. »

On n'aborde pas facilement le valet de chambre du duc de Guise. Je commençai par me lier avec les domestiques en sous-ordre, et, de proche en proche, je parvins jusqu'au personnage que je devais faire parler. Je lui marquai des égards et de la déférence : tous les hommes sont sensibles à cela. Je lui contai des aventures plaisantes, et tout le monde aime à rire.

C'est un bon homme que M. Chopin. Il ne s'informa point de ce que j'étais, de quoi je vivais. J'étais bien mis, j'avais de l'argent, je l'amusais, je ne lui demandais rien. Bien d'autres que M. Chopin ont été pris à ce piége-là.

Je découvris les relations intimes du duc de Guise avec le roi d'Espagne; M. de Villequier ne me donna que cinquante pistoles, par la raison très-simple qu'il n'en avait pas davantage. Le métier d'espion n'est pas honorable, et il faut, au moins, qu'il soit lucratif: je me décidai à tirer de l'argent des deux côtés.

Nous étions à Blois. Plus un théâtre est resserré, et plus les personnages se trouvent en contact. M. Chopin voyait souvent M. Péricard, secrétaire intime du duc de Guise, et je quittais peu M. Chopin. L'occasion qu'on cherche se présente toujours, quand on l'attend avec patience. Je trouvai le moment de présenter mes hommages à M. Péricard, l'homme le plus vain de France, après son maître. Je lui marquai le plus profond respect; je louai la profondeur de ses vues; je le déclarai digne d'être le premier ministre du roi de France, quel qu'il pût être, et il ne m'avait encore adressé que des monosyllabes; mais quand on a trouvé le côté faible d'un homme, on en fait ce qu'on veut : la flatterie l'enivre, et ne lui permet plus de réfléchir.

Vous veniez, Monsieur, d'arriver à Blois, porteur de dépêches pour le roi et le duc de Guise. M. Péricard me fit venir. « Mon ami, me dit-il, M. de Bi-
» ron est un personnage de la plus haute
» importance, et les deux partis veulent
» se l'attacher. Cependant sa conduite
» est équivoque. Il offre au duc de Guise
» son épée et six mille ligueurs, et le

» roi lui envoie le bâton de maréchal
» de France. Quels sont les véritables
» sentimens de ce général? Voilà, mon
» cher André, ce que je vous charge
» de pénétrer. » Mon cher André!
comme on caresse ceux dont on a besoin!

« L'émissaire du général va repartir
» pour retourner à Poitiers. Vous le
» suivrez, André; vous vous lierez avec
» lui sur la route; vous vous mettrez
» bien dans son esprit, et votre adresse
» fera le reste. Voilà cent pistoles. A
» votre retour, je doublerai la somme,
» si je suis content de vous.

»—Mais, André, vous jouez près de
» moi un vilain rôle.—Mais, monsieur,
» vous ressemblez à ces gens, qui dès les
» premières scènes d'une comédie veu-
» lent en connaître le dénouement. Un
» peu de patience, s'il vous plait. »

Je sortis de Blois avant vous, et j'allai vous attendre sur la route. Quand on est arrêté, et qu'on ne fait rien, on pense nécessairement. La commission dont j'étais chargé était épineuse. M. de Biron n'est pas plaisant, et si j'étais découvert, il pouvait me faire pendre. L'impression qu'avait faite sur moi la hart, à la Fère, n'était pas effacée, et je tiens beaucoup à la vie.

Je n'étais pas embarrassé de me mettre bien avec vous. « Monsieur André, » vous me prenez donc pour un sot ? » — Au contraire, monsieur; mais on » est seul, avec un domestique or- » dinaire; quand on est seul on s'en- » nuie, et alors on est bien aise de ren- » contrer un compagnon, avec qui on » puisse causer. — A la bonne heure. »

La grande difficulté était de savoir à quel titre vous présenteriez au maré-

chal un homme bien mis, que vous-même ne connaîtriez pas. Si j'avais pensé à prendre un froc, à Blois, je n'aurais pas eu besoin de vous : on entre partout sous ce costume-là. Mais quel est le grand homme qui n'oublie pas quelque chose? « Vous êtes mo-
» deste, M. André.—Ouvrez l'histoire,
» monsieur, vous y verrez qu'un oubli
» fait perdre une bataille, ou surpren-
» dre une ville; qu'il envoie des conju-
» rés à l'échafaud; qu'il renverse un
» ministre en faveur, et fait disgrâcier
» une maîtresse. »

Je rêvais profondément, quand je vis un mendiant couché sur le revers d'un fossé. Son âne broutait à quelques pas de lui. Une idée lumineuse me frappa. Un moine entre partout; mais un mendiant n'est suspect à personne, et il a le privilége d'écouter à toutes les portes. J'avais bien quelque répugnance à me couvrir des guenilles de celui-ci; mais dans les grandes occasions il ne faut pas être difficile.

Je proposai à cet homme de troquer ses haillons et son âne contre mes vêtemens et mon cheval. Il crut d'abord que je me moquais de lui, et cela devait être. Quand il me vit prendre sa modeste monture par le licol, et entrer sous un bouquet d'arbres; quand il me vit dépouillé de mon manteau, de mon juste-au-corps et de mes haut-de-chausses, il accourut et mit aussi habit bas.

L'effet d'une forte dose de jalap est tout au plus comparable à celui que j'éprouvai en endossant les livrées de la misère. Il fut si prompt, que je n'eus pas le temps de détacher ma valise de dessus mon cheval, et elle renfermait mon petit trésor. Mon homme disparut comme un éclair, et je restai avec cette bourse, qui pendait à ma ceinture, et qui tomba à mes pieds, quand je me déshabillai.

Un philosophe tient peu aux richesses qu'il n'a pas, qu'il ne peut acquérir, ou dont la perte ne peut se réparer. Je regagnai la grande route, monté sur mon âne, vous attendant, et me grattant le devant et le derrière, par manière de passe-temps.

Vous passâtes avec votre Julien. La décomposition de vos traits, votre air d'exaspération me firent juger que vous n'iriez pas loin, et je me consolai de n'avoir qu'une aussi chétive monture. Le coursier qui s'arrête ne vaut pas un âne qui chemine toujours.

Je marchai jusqu'auprès de Saurigny, étonné de ne vous avoir pas joint encore. Il entrait dans mon plan de paraître exposé à tous les besoins, et je lâchai mon âne à l'approche des premières maisons. Les ânes, comme les hommes, ne manquent jamais de maîtres ; mon âne en aura trouvé un.

Je ne m'étais pas trompé dans mes conjectures. Vous vous étiez arrêté à Saurigny, et vous y étiez dangereusement malade. Vous êtes jeune, bien constitué. On ne meurt pas du mal d'amour. Je présumai que vous guéririez, quoique vous eussiez un médecin, et je ne me trompai pas encore dans cette circonstance.

Il fallait attendre votre rétablissement, et soutenir dans Saurigny le rôle que j'avais adopté. Il me parut plaisant qu'un homme, qui, depuis long-temps, ne comptait que par vingt-cinq et cinquante doublons, tendît humblement la main pour recevoir un denier, quand il avait encore trente pistoles dans sa bourse. La facilité avec laquelle j'appris les grimaces d'usage, avec laquelle j'imitai le ton lamentable de mes confrères, me donnait souvent des envies de rire, auxquelles je résistai cependant.

Mais un orage, que je n'avais pas prévu, se formait autour de moi. Messieurs mes confrères trouvèrent très-mauvais qu'un étranger, un intrus vînt exploiter avec eux la charité de leurs compatriotes. Ils me notifièrent que j'eusse à évacuer la place, ou à me décider à être jeté par dessus le pont. Je n'ai pas plus de goût pour la *noyade* que pour le fatal cordon. Cependant je ne voulais pas désemparer. J'allai trouver le curé. Je lui parlai; il parut s'intéresser en ma faveur, et il convoqua mes redoutables adversaires.

« Mes enfans, leur dit-il, l'homme
» de la nature vivrait librement des
» produits de la terre, et alors il n'au-
» rait de contestation avec personne.
» Le péché d'Adam a arrangé les
» choses tout autrement. L'homme
» social doit gagner sa vie par son tra-
» vail, ou la tenir toute gagnée de ses
» pères, ce qui est plus commode.
» Hors de ces deux cas-là, il faut qu'il
» vive du superflu des autres, ou qu'il se
» brouille avec la justice. Pourquoi cet
» homme-ci ne tendrait-il pas la main
» comme vous ? — Monsieur le Curé,
» qu'il aille la tendre dans son pays.
» — Mes enfans, je me crois obligé de
» lui donner de quoi y retourner. D'où
» êtes-vous, mon ami ? — Monsieur le
» Curé, je suis de Tunis. — De Tunis !

» — Je suis un des dix-huit mille es-
» claves que délivra l'empereur Charles-
» Quint. — Vous étiez bien jeune alors.
» — Monsieur le Curé, je n'étais pas
» né. Ma mère me conçut à Tunis, et
» elle accoucha dans la traversée. —
» Hé bien, il faut le renvoyer dans la
» mer. — Hommes durs que vous êtes,
» pensez donc qu'il est le fils d'une es-
» clave chrétienne, délivrée par l'empe-
» reur Charles-Quint. — Mais, monsieur
» le Curé, si les dix-huit mille esclaves
» délivrés par l'empereur, venaient
» tomber à Saurigny, que deviendrions-
» nous? — Vous le voulez absolument?
» Hé bien! il ira rejoindre les Espagnols
» que l'empereur a laissés sur la côte
» d'Afrique. Mais j'ai promis de lui
» donner ce qu'il lui faut pour retour-
» ner dans son pays; ma parole est sa-
» crée, et il y a loin d'ici à Tunis. Je

» viderai, dans ses poches, la caisse des
» pauvres, et tous les troncs de l'église.
» Alors, plus de distributions pour
» vous le dimanche. Jusqu'à ce que
» j'aie pu faire de nouveaux fonds,
» vous serez réduits aux deniers que
» vous amassez péniblement dans les
» rues de Saurigny. — Qu'il reste,
» Monsieur le Curé, qu'il reste ! —
» Ainsi, la cupidité seule vous arrache
» un acte de cette charité que vous in-
» voquez sans cesse, et que vous ne
» savez pas pratiquer ! » Le curé partit
de ce texte, et il improvisa une instruction pastorale, qui tira des larmes de tous les yeux : le peuple passe facilement d'une extrémité à une autre. Ceux qui voulaient me noyer, une heure auparavant, m'offrirent ce qu'ils possédaient. Je refusai leurs *pites;* mais il fut décidé que je resterais

à Saurigny. C'est tout ce que je voulais.

Le curé me tira à part. « Je ne suis pas
» dupe, me dit-il, du conte que vous
» venez de me faire ; mais j'ai feint d'y
» croire, pour en tirer une leçon utile
» à mes pauvres. Vous ne partagerez
» pas leur pain ; vous n'y avez aucun
» droit. Je veux m'assurer néanmoins
» de la sincérité des dispositions qu'ils
» ont manifestées. Je consens que vous
» restiez ici quinze jours, pendant les-
» quels je vous assisterai de ma bourse.
» Allez.

» Vous revîntes, Monsieur, à la vie
» et à la santé, ainsi que je l'avais pré-
» vu. Je vous offris mes services ;
» vous les acceptâtes. Vous savez le
» reste.

» J'ai maintenant à vous faire con-
» naître les motifs de mes derniers

» aveux, et surtout de celui des vues
» particulières que j'avais sur vous.

» On s'occupe sérieusement de faire
» la paix : les deux partis en ont égale-
» ment besoin. Le comte de Montpen-
» sier, parent du duc de Guise, est un
» des plénipotentiaires du Roi, et il
» n'accordera aux réformés que des
» conditions qui ne blesseront pas trop
» vivement les catholiques. Dans au-
» cune circonstance les princes protes-
» tans n'ont commencé les hostilités.
» Ainsi, il y a lieu de croire que cette
» paix sera durable, et, en temps de
» paix, personne n'a besoin d'espions.
» D'ailleurs, ceux qui font ce métier-là
» finissent toujours mal, et je vous le
» répète, Monsieur, j'aime à vivre.

» La perte de ma valise m'oblige à re-
» prendre du service, et je suis dégoûté
» de celui des grands. Je veux un maître

» qui voie en moi un homme. Je vous
» ai étudié, Monsieur, et je crois que
» vous me convenez parfaitement. Voilà
» encore pourquoi je me suis montré à
» vous à découvert. La vérité pouvait
» percer plus tard, et des réticences
» eussent amené des explications, qui
» vous eussent paru trop tardives pour
» être bien sincères. Je vous crois assez
» prudent pour ne parler à qui que ce
» soit de ce que j'ai fait depuis que j'ai
» quitté M. de Villequier.—Soyez tran-
» quille, André. Je ne vous compro-
» mettrai jamais. Je veux vous garder
» avec moi, et mon intérêt vous ré-
» pond de ma discrétion, si ma délica-
» tesse ne suffit pas pour vous rassurer.
» — Hé bien, Monsieur, je compte sur
» l'un et sur l'autre. »

CHAPITRE IV.

La Moucherie est admis dans l'intimité des plénipotentiaires du roi.

Nous continuions de marcher, les plénipotentiaires toujours renfermés dans leur cercle étroit; André et moi jasant et riant tout haut, sans craindre qu'on surprît nos secrets. Vingt fois le jour, je parlais de Colombe à mon confident, car on ne peut pas toujours rire. André se conformait toujours à mes idées du moment. C'est un homme bien précieux que celui qui s'afflige, qui espère, et qui s'égaie avec nous !

Quand nous étions las de la terre, il me transportait dans l'espace. Nous visitions ensemble le soleil, la lune et les planètes. Il me faisait, sur tout cela, des contes fort intéressans, qui captivaient mon imagination; mais qui n'étaient pas toujours orthodoxes. Oh ! alors je l'arrêtais avec une force, une véhémence ! un peu de contradiction est très-favorable à la conversation. Elle en éloigne l'uniformité, qui amène l'ennui, et l'ennui est une terrible chose ! c'est une maladie de l'âme, qui, à la longue, tuerait le corps, si quelque secousse nouvelle ne la tirait de son apathie.

Agité par un sentiment dominateur, je ne craignais pas les tristes effets de l'ennui. Je revenais à Colombe, dès qu'André perdait quelque chose de ses avantages; je cessais d'écouter pour descendre dans mon cœur, et j'étais sûr de trouver là des sensations toujours nouvelles.

Les grands seigneurs seraient trop heureux, s'ils avaient l'art de se dérober aux infirmités morales qui affectent l'espèce humaine. Nos plénipotentiaires bâillaient souvent dans leur coche. C'est le moment où, sans réflexions, on cherche chez les autres ce qu'on ne trouve plus en soi. La morgue, l'étiquette cèdent au besoin de se communiquer. L'habitude de voir toujours les mêmes figures fait disparaître quelque chose des distances que l'orgueil, ou l'ordre social a établies entre les hommes. Messieurs de Montpensier et de Villeroi me voyaient souvent voltiger autour de leur voiture.

Montpensier, le plus fier des trois, daigna enfin m'adresser la parole.

C'est ce que je désirais depuis long-temps. J'enrageais de ne rien savoir de ce que pensaient, de ce que projetaient ces messieurs. Je saisis, avec empressement, l'occasion qui se présentait. Je n'avais pas la philosophie et la richesse d'imagination d'André; mais quand je parlais de choses dont j'étais fortement pénétré, je m'exprimais avec facilité, et quelquefois même avec grâce. Le comte de Montpensier me fit d'abord de ces questions insignifiantes, auxquelles je ne pouvais guère répondre que par oui et par non. Le maréchal de Biron fit prendre une certaine tournure à la conversation. « Le » capitaine de la Moucherie, dit-il à » ses collègues, n'a pas encore vingt-un » ans, et cependant il a eu bien des

» aventures. Capitaine, racontez-les à
» ces messieurs. » Il savait mon histoire
par cœur; mais on partage toujours,
plus ou moins, le plaisir qu'on procure aux autres.

Nous marchions à petites journées, par la raison, très-simple, que nous n'avions pas de relais. Nous allions tous au pas. Cependant on n'entretient pas les routes pendant les guerres civiles. Un cahot de la coche faisait perdre souvent quelques mots à mon illustre auditoire; un détour de quelques pas, qu'une ornière m'obligeait à prendre, coupait mon récit, et on commençait à m'accorder quelqu'attention. Ces Messieurs tinrent conseil sur la question de savoir si on pouvait m'admettre dans la coche, et on la traita devant moi, homme sans conséquence, que ne devaient pas blesser les scrupules des grands. On finit par m'ordonner de donner mon cheval à mon domestique, et j'eus l'honneur de m'asseoir avec les plénipotentiaires du roi de France. Le petit frère Antoine assis avec les plénipotentiaires du roi de France! quel honneur! quelle fortune! la tête m'en tournait.

On rit beaucoup et de la relique trouvée sur le champ de bataille de Montcontour, et de mes homélies, et de ma disgrâce auprès de madame de Montbason. Mais on était sérieux, attentif, on exprimait de l'intérêt quand je parlais de Colombe. Un amour, pur, innocent, passionné, a-t-il, pour les grands seigneurs, le charme de la nouveauté?

Mon histoire finit, et on m'ordonna de rappeler mon valet. A cette interpellation, le cocher arrêta, et je descendis de la coche, désenivré des fumées d'orgueil qui m'avaient dérangé le cerveau. Hélas, pensais-je, la faveur des grands se mesure sur le degré d'utilité, en tout genre, dont peuvent leur être les petits. Un buveur brise une bouteille vide; un grand jette, dans un coin, le hochet, dont il s'est amusé un moment.

Je fis part de mes réflexions à André, il les trouva fort justes; il regretta seulement qu'elles fussent le fruit de l'expérience. « Cependant, me dit-il, ce » dénouement-là était facile à prévoir.

» — Et vous, André, de quoi vous
» êtes-vous occupé, pendant les courts
» instans où j'ai été l'égal des plénipo-
» tentiaires du roi? — Moi, Monsieur?
» j'ai voyagé dans les astres : ce sujet-
» là ne s'épuise jamais. Je rêvais que le
» soleil pourrait fort bien être habité.

» — André, plus d'hérésies, je vous
» en prie. — Monsieur, nos livres
» nous instruisent de la manière dont
» le soleil fut formé; mais ils ne disent
» pas qu'il serve exclusivement à nous
» éclairer, et à nous chauffer. — C'est
» vrai, c'est vrai; mais des habitans
» dans le soleil! — Sans doute, Mon-
» sieur, ils ne sont pas faits comme
» nous. — N'importe, tout doit brûler
» là-haut. — Pourquoi cela, Monsieur?
» n'avons-nous pas, sur notre petite
» terre, une plante qui résiste à l'action
» du feu? — Et laquelle, André? —
» L'amyanthe, Monsieur; et après le
» jugement dernier, les méchans ne
» doivent-ils pas devenir incombusti-
» bles? — Ah! par exemple, ce que
» vous dites là, est très-orthodoxe, et
» me réconcilie avec vous. Oui, je com-

» mence à croire que le soleil pourrait
» fort bien être habité. »

Mon cheval, qui ne s'était pas élevé aussi haut que nous, broncha violemment. J'avais cessé de le tenir en bride, pendant que j'étais dans le soleil; je roulai par-dessus sa tête, et je me trouvai étendu dans la poussière. André me releva, m'épousseta et m'aida à me remettre en selle. « André, le soleil
» ressemble aux grands seigneurs; il
» nous rappelle à notre néant. Ne nous
» élevons plus si haut. — Soit, Monsieur;
» restons dans notre sphère. — Et par-
» lons de Colombe, un de ses plus
» beaux ornemens. »

Nous en parlâmes jusqu'à ce que nous aperçûmes enfin les clochers de Périgueux. C'était la première ville remarquable, par laquelle nous allions passer, depuis que nous avions quitté les environs de Poitiers. Nos seigneurs me firent appeler, et me donnèrent plusieurs ordres. Le plus pressant était de faire arrêter toute la colonne, et je l'exécutai à l'instant. Le second fut que je m'en écrivisse un à moi-même. Il enjoignait au capitaine de la Moucherie de prendre avec lui quatre des valets les mieux tournés, les mieux mis, et les mieux montés; de partir avec eux, ventre à terre; de brûler le pavé de Périgueux, sauf à écraser quelque vilain; de descendre chez le commandant de la place, s'il y en avait un; dans le cas contraire, de m'adresser au bailli, et de lui enjoindre de recevoir les plénipotentiaires de sa majesté, avec les honneurs de la guerre.

Je présentai à la signature la pièce que je venais de rédiger, et mon goût pour l'observation trouva de quoi se satisfaire amplement.

Qui signera le premier? « Ce sera » moi, dit le maréchal, parce que j'ai » l'honneur de représenter le roi. Moi, » reprit le comte de Montpensier, je » représente Monseigneur le duc de » Guise, mon parent, l'ami intime du » pape et du roi d'Espagne. Or, ces » deux souverains-là et leur représen- » tant en France, sont fort au-dessus » de votre Henri III qui... — N'allez » pas plus loin, Monsieur le comte, » et apprenez qu'un roi, quel qu'il soit, » est toujours le premier dans ses États. » — On *n'apprend* rien, Monsieur le » baron, aux princes de la maison de » Lorraine. — Ils peuvent avoir besoin » de leçons comme d'autres, Monsieur » le comte. — Ce n'est pas vous, au » moins, qui leur en donnerez. Voilà

» la lettre que vous écrivîtes, il y a
» quinze jours, à mon cousin le duc
» de Guise. Vous lui offriez six mille
» ligueurs, votre bras, votre épée, et
» vous vous disiez son très-humble
» serviteur. Le bâton de maréchal de
» France a donné une nouvelle direc-
» tion à vos idées, et je n'aime, ni
» n'estime les gens qui changent selon
» les circonstances. »

Le maréchal s'élance sur la lettre, et la met en pièces : c'est ce qu'il pouvait faire de mieux dans son intérêt présent et à venir.

« C'en est trop ! » s'écria Montpensier furieux. Il saute à terre, et il a l'épée à la main. Jamais on ne défia impunément un Biron. Le maréchal ne saute plus ; il descend de la coche, avec le plus beau sang-froid, et il se met en garde. Villeroi se précipite.

Il pare, avec son porte-feuille, les coups que se portent les combattans; il parvient à se faire écouter.

« Votre vie est-elle à vous, Mes-
» sieurs? Avez-vous le droit d'en dis-
» poser, avant que d'avoir rempli la
» mission dont vous êtes chargés? Vous,
» négociateurs d'une paix, dont la
» France a tant de besoin, vous ne rou-
» gissez pas de prévenir par un duel,
» les augustes fonctions auxquelles
» vous êtes appelés! Si les catholiques
» et les huguenots suivent le déplora-
» ble exemple que vous leur donnez,
» où s'arrêtera le carnage, et que pen-
» seront de vous la France et la pos-
» térité! »

J'étais sincèrement attaché au maréchal, et j'aurais volontiers baisé le bas du manteau de M. de Villeroi. En attendant l'effet de sa harangue,

je m'étais glissé entre les deux adversaires. Pour ne pas manquer à la modestie qu'exigeait ma position, j'avais laissé mon épée dans le fourreau; mais je présentais ma poitrine découverte au fer de M. de Montpensier. « Allons,
» s'écria ce seigneur, en éclatant de
» rire, ne voilà-t-il pas le petit frère
» Antoine qui veut que je le tue! Par-
» bleu, Monsieur le maréchal, il faut
» qu'il vous aime bien, puisque vous
» lui faites oublier sa Colombe. Et
» M. de Villeroi, reprit le maréchal, en
» riant à son tour, qui se fait un bou-
» clier de son porte-feuille!» Le rire se communique comme la colère, M. de Villeroi rit, et quand tout le monde rit, une affaire est bientôt arrangée.

M. de Villeroi arrêta que les deux seigneurs, ayant eu réciproquement des torts, se feraient des excuses, et qu'ils parleraient ensemble, pour que l'un n'eût pas l'air de ployer devant l'autre; qu'il n'y aurait ni premier ni dernier signataire, et que l'ordre dont j'étais porteur serait déchiré, dût-on n'être pas reçu à coups de canon dans Périgueux; qu'enfin, quand les articles du traité de paix seraient arrêtés à Bergerac, le comte et le maréchal tireraient à la courte paille pour savoir qui apposerait d'abord son noble seing au bas du traité.

Les deux premières conditions de celui qui venait d'être conclu furent exécutées à l'instant. On se prit la main, on s'embrassa, on remonta, en riant, dans la coche; moi, je sautai sur mon cheval, et la caravanne se remit en route.

Je caracollais autour de la voiture qui portait les destins de la France.

Le maréchal, le comte me regardaient avec une bienveillance marquée, et me souriaient quelquefois. Bon, pensai-je, je ne tarderai pas à être admis dans l'intimité de ces messieurs, et je connaîtrai les secrets de l'État. Quelle satisfaction pour un petit être comme moi d'en savoir autant que des potentats !

Hé, mais, où est André?... Je ne vois qu'un de mes mulets ! il est attaché derrière un fourgon... Et l'autre ? Mon philosophe s'est-il laissé tenter ? A-t-il succombé à la tentation ? M'a-t-il enlevé ma petite fortune ? Faut-il que je renonce à ma maisonnette, à mon champ, à mes bosquets; que doit embellir Colombe, et que nous vivifierons ensemble ?.... Réparation à la philosophie. Ma valise est sur la croupe du mulet; elle est intacte. Où donc est-il allé avec l'autre? Il faut que cet homme-là soit bien peureux! Fuir devant deux épées qui ne le menaçaient pas! Ah! il se sera arrêté, après avoir eu perdu de vue le champ de bataille.

Nous voilà aux portes de Périgueux, et il ne paraît pas!... Oh, oh! mais c'est lui, c'est bien lui. Il vient à nous au grand galop. Je cours au-devant de lui.

Il a jugé, avec raison, que le duel n'aurait pas lieu. Il a pensé que la médiation de M. de Villeroi, et les pourparlers, prendraient au moins une heure, et il est allé préparer notre entrée solennelle à Périgueux. La ville est aux huguenots, ils y sont en force, et ils ont de l'artillerie; mais ces gens-là ne tirent pas le canon pour des catholiques. C'était bien la peine de mettre l'épée à la main! Cet incident-là est un abrégé de l'histoire de presque tous les hommes, de presque tous les lieux, de presque tous les temps.

André, ne pouvant obtenir de bruit, a pensé au solide. On lui a promis sûreté pour messieurs les plénipotentiaires, en raison de leurs dispositions pacifiques. On leur a assigné des logemens spacieux et commodes. On a chargé un officier municipal de pourvoir à leurs besoins. Ainsi, l'homme qui avait eu l'ambition d'être le régulateur d'une fête, fut borné aux fonctions modestes de maréchal-des-logis.

J'allai faire part à leurs seigneuries de ce que mon valet venait de m'apprendre, et les éclats de rire recommencèrent. « Parbleu, dit le comte, nous
» aurions bien dû réfléchir avant de
» nous fâcher, que le Périgord recon-
» naît l'autorité du roi de Navarre. Il

» est inconcevable, reprit le maréchal,
» que cette idée-là ne nous soit pas ve-
» nue. Avouez, Messieurs, poursuivit
» le secrétaire-d'état, que nous nous
» sommes conduits tous trois comme
» des enfans. Cela prouve, messieurs,
» continuai-je, que l'homme, toujours
» si vain, souvent si content de lui, est
» enfant à tout âge. »

Je me mordis la langue, après avoir émis cette audacieuse observation; mais je reconnus qu'on peut tout dire aux grands, pourvu qu'on ait le bon esprit de savoir choisir le moment. On était gai, et on me proclama, en riant, le plus grand philosophe qui ait paru depuis Aristote. Je me gardai bien de demander au maréchal si Aristote était grec ou romain.

Nous entrâmes à Périgueux, comme de simples particuliers. André nous conduisit aux logemens qui nous étaient destinés, et messieurs les plénipotentiaires daignèrent lui adresser quelques mots de satisfaction.

« Nous voilà à Périgueux. Nos che-
» vaux, nos mulets ont marché pen-
» dant cinq jours; ils ont besoin de
» repos : il faut passer ici la journée de
» demain. Qu'y ferons-nous, au milieu
» de gens qui ne nous accordent pas la
» moindre attention? — Nous bâille-
» rons. — Bâiller pendant tout un
» jour, c'est un peu long! — Allons,
» capitaine la Moucherie, savez-vous
» encore quelques historiettes qui puis-
» sent nous amuser ou nous endormir? »
Je ne balançai pas à répondre qu'oui, et, par Saint-Antoine, je ne savais pas ce que je leur dirais; mais j'arrivais à mon but.

« Allons, capitaine, vous mangerez

» avec nous, et sans que cela tire à
» conséquence. — Il est tard. Nous al-
» lons souper et nous coucher. — Mais
» qu'il arrange son répertoire pour de-
» main à l'heure de déjeûner. »

Je savais déjà, avant que de me mettre au lit, qu'il existait, en France, un troisième parti qu'on appelait *les politiques ;* qu'il avait pour chef de grands seigneurs catholiques et huguenots, qui voulaient sincèrement le bien de l'État; que les inférieurs, répandus dans toutes les provinces, y prêchaient le besoin et l'amour de la concorde. Ces détails-là n'offraient rien de piquant à ma curiosité, et j'avais, en les recueillant, étouffé quelques bâillemens.

André me déshabillait : je commençais à jouer le petit seigneur. Je lui parlai des politiques. Nous raisonnâmes ; nous sentîmes que des gens qui sont partout, et ne se rassemblent nulle part, ne peuvent avoir d'influence marquée dans des temps de trouble, et surtout de fanatisme; que si le duc de Guise craignait de les attaquer ouvertement, il calomnierait, avec succès, un parti qui offrait l'amalgame scandaleux de sectaires des deux cultes; et, en effet, les politiques tombèrent plus tard, par cela seulement qu'ils étaient hommes de bien.

André et moi tenions peu à la politique et *aux politiques*. Nous nous mîmes chacun dans un bon lit, André pour dormir, moi pour rêver à Colombe.

Je m'éveillai en me frottant les oreilles, en me frappant le front, et il n'en sortit rien. On vint m'avertir que le déjeûner était prêt; il fallait que je parlasse, et je n'avais rien à dire.

Heureux Jodelle, Pibrac, Ronsard, qui aviez le talent de payer, en bons mots, les dîners que vous donnaient les grands, pourquoi mon patron ne m'a-t-il pas accordé votre inappréciable mérite?

Il m'inspira de raconter à leurs seigneuries l'histoire d'André. Elle leur plut assez : c'était quelque chose. Mais il en fallait une pour le dîner, une autre pour le souper. Oh, qu'il est difficile d'être amusant, surtout quand on cherche à l'être!

J'avais été plusieurs fois interrompu dans mon récit. Il nous vient quelquefois des idées soudaines qui nous échappent, en quelque sorte, malgré nous. J'avais recueilli, au passage, des mots, qui n'étaient pas sans intérêt. Je savais, en me levant de table, que le maréchal tenait, de bonne foi, au prince à qui il devait le bâton; que Villeroi tenait d'aussi bonne foi à sa place; que le comte tenait exclusivement à sa famille. En effet, l'élévation du duc de Guise était le garant de la sienne. Je reconnaissais toujours que l'égoïsme est le grand régulateur de la conduite des hommes; mais je vis avec un plaisir inexprimable, que tous trois étaient les ennemis prononcés de ce redoutable huguenot, de ce chef d'un parti infâme, que dirigeait Satan lui-même, de Henri de Navarre enfin.

Je me promenais par les rues de Périgueux, le nez en l'air. Je regardais ce qui se passait du sol au haut des cheminées. Je cherchais le sujet d'une anecdote, et je n'en trouvais pas. Pourquoi tant de gens ont-ils l'imagination si riche, et le plus grand nombre l'at-il si pauvre? André ferait, là-dessus, une dissertation métaphysique très-savante, mais qui sentirait l'hérésie. Je ne lui parlerai pas de cela.

Je rentrais, déterminé à bien dîner, et à me taire. Je trouvai mon philosophe, qui tenait par la tête, une femme d'un certain âge, qui baisait ses joues sèches avec transport, et qui lui mettait sa bourse dans la main.

« Comment donc, André, auriez-
» vous retrouvé votre Villelmine, votre
» épouse chérie ? — Pas tout-à-fait,
» Monsieur ; ce n'est que ma belle-
» mère. »

Il va me raconter une histoire, qui me tiendra lieu de celle que je n'ai pu trouver pour le dîner.

La belle-mère et les psaumes de Marot avaient été mis dans une voiture particulière, bien fermée, et escortée par vingt Ecossais, qui ne savaient pas un mot de français. Ainsi les exclamations de la très-jolie vilaine se perdirent dans le peu d'air que contenait sa coche.

Le capitaine Montgommeri était un homme à toutes mains. Il plaça la belle affligée dans une chambre richement meublée, et il mit des sentinelles à la porte et aux fenêtres, avec l'ordre de prévenir un coup de tête : il savait de quoi est capable une femme réduite au désespoir.

Bientôt des valets, chargés des plus beaux atours, de pierreries, de perles, se présentèrent, et étalèrent ces richesses aux yeux de la belle-mère, qui, dit-elle, ne daigna pas les regarder, ce qui est un peu difficile à croire.

Quoi qu'il en soit, le roi, persuadé que tant d'éclat laissait la belle sans défense, ne tarda pas à paraître. A son aspect, les Écossais se retirèrent respectueusement.

Un grand roi est persuadé qu'il doit soumettre enfin la plus rebelle, et cela est arrivé quelquefois. Le grand Henri II adressa, à l'objet de ses vœux, les choses les plus touchantes, les plus délicates, les plus spirituelles, car il avait infiniment d'esprit, à ce que lui disaient ses courtisans. Il trouva fort extraordinaire que la dame ne lui répondît pas un mot. Il la jugea très-bornée, mais elle était si jolie! Et une femme ne peut pas tout avoir.

Le grand roi jugea à propos de joindre le geste aux paroles, et il se montra très-gesticulant. La dame avait des ongles superbes, et elle savait s'en servir dans les grandes occasions. Elle les imprima sur la figure de sa majesté, auprès de l'œil, de celui même que

Montgommeri creva plus tard. Une fatalité était attachée à cet œil-là.

Le roi sortit furieux, en déclarant à sa belle qu'elle n'était qu'une sotte et une vilaine, indigne de l'honneur qu'il voulait lui faire. Comme un grand prince ne reprend jamais ses présens, il la laissa au milieu de ses richesses, et il continua sa majestueuse promenade, avec son œil éraillé.

La vertu n'exige pas d'une femme qu'elle méprise des choses qui deviennent le prix d'une victoire pénible, remportée sur elle-même. Elle considéra, avec satisfaction, ses nouvelles propriétés; elle se baissa même pour ramasser la bourse que le roi avait laissé tomber, en gesticulant.

Son premier soin fut d'envoyer un exprès à Angoulême : elle brûlait d'avoir des nouvelles de l'époux qu'elle adorait. Elle apprit bientôt qu'il était complètement ruiné.

Une femme est bien aise de savoir si elle est veuve ou non. Dans le premier cas, ses richesses étaient à elle seule, et cela méritait quelqu'attention.

Elle dépêcha un second courrier, chargé de s'informer, dans les villes voisines, de la destinée de son époux. Celui-ci lui rapporta son extrait de mort, signé de l'hôpital de Cognac. Elle se couvrit de crêpes noirs de la tête aux pieds, ce qui, très-souvent, ne prouve rien.

La dame n'avait qu'une vertu, la chasteté. C'est beaucoup, sans doute; mais cela ne suffit pas. Elle crut ses richesses inépuisables, et elle résolut de vivre somptueusement. Il est un genre d'hommes qui se glissent partout, qui vivent partout, et dont les revers n'éteignent pas la persévérance. La dame voulut réaliser, cela était nécessaire, et un honnête israélite lui donna moitié de ce que valaient ses bijoux.

La prévoyance est une qualité; l'économie, bien entendue, est presque une vertu. La jolie dame n'avait ni l'une ni l'autre. Elle se jeta dans le grand monde; elle donna des dîners; c'est le moyen d'avoir des amis. Mais elle ignorait ce que l'expérience a appris des milliers de fois, c'est qu'on doit peu compter sur ces amis-là.

Elle commença à réfléchir quand elle n'eut plus que cinquante doublons; c'était s'y prendre un peu tard. Elle supprima les dîners, et elle fut abandonnée, selon l'usage. Cette vérité est tellement connue, qu'il y a presque de la trivialité à la rappeler.

L'abandon, cependant, ne fut pas

général. Il y avait à Périgueux, comme ailleurs, de ces hommes qui spéculent sur les besoins d'une jolie femme. Celle-ci reçut des propositions, et elle n'égratigna personne, parce que les amateurs jugèrent à propos de prendre des intermédiaires. Chacun garda ses yeux, et elle sa vertu.

Cependant elle se trouva vis-à-vis de son dernier doublon : c'est un triste tête à tête. Elle s'en servit pour se rendre à Limoges. Périgueux avait été témoin de son faste, et allait l'être de sa misère : cette ville ne lui convenait plus.

Elle chercha à se procurer, à Limoges, des moyens d'existence : elle ne savait qu'être sage. Elle fut contrainte de descendre à l'état de domesticité. Personne ne voulut d'elle, parce qu'elle était inconnue, et que sa mise, élégante encore, ne donnait pas une haute idée de ses mœurs. Les hommes sont loin d'être infaillibles, et la vertu peut avoir, à leurs yeux, les apparences de la galanterie, ou de quelque chose de pis.

La dame se résolut à subir la dernière humiliation, à laquelle elle put se résigner. Elle revint à Périgueux, et elle y demanda du service.

Oh! toutes les portes lui furent ouvertes. Quel plaisir pour les Périgourdines de commander à celle qui les avait éclipsées, et qui avait eu l'insolence de donner des tentations à quelques-uns de leurs maris!

Elle débuta par être femme de charge d'une dame qui lui disait les plus jolies choses du monde, quand elle était dans l'opulence ; mais qui était acariâtre et caustique. La belle-mère n'avait pas la vertu qui détermine à se soumettre à sa destinée.

Elle entra, en qualité de femme de chambre, chez la plus jolie personne de Périgueux, après elle. Elle l'habillait mal, elle la coiffait de travers : c'était un moyen sûr de lui déplaire à l'excès. Elle reçut son congé, et elle alla chercher fortune ailleurs.

Elle fut chargée, dans une troisième maison, de raccommoder le linge. Elle y trouva l'avantage d'être seule dans une chambre, et par conséquent de ne pas craindre les traits malins dont l'accablaient ses premières maîtresses. Mais elle faisait des reprises qui ressemblaient à des coutures, et elle fut renvoyée. C'est une triste chose de n'être que jolie et vertueuse, quand on manque de tout.

Elle était fortement constituée. Une

blanchisseuse, pour qui elle avait eu des bontés, la recueillit avec humanité. Voilà celle qui avait pu être la maîtresse d'un roi, frottant au cuvier, et s'écorchant les poignets. Quelle chute! Cependant la maîtresse blanchisseuse n'avait jamais eu de prétentions à la beauté, et ne connaissait pas l'art de faire des épigrammes. L'ouvrière était fort tranquille, pourvu qu'elle travaillât du matin au soir, le temps donné aux quatre repas excepté.

On salit beaucoup de fraises, quand on voyage par un temps sec. Un valet de confiance avait rassemblé celles de leurs seigneuries et était allé chercher une blanchisseuse. Il tomba chez la maîtresse de la beauté déchue, et celle-ci reçut l'ordre d'aller prendre le paquet.

André était désœuvré. Il causait

avec les domestiques des plénipotentiaires, qui, en ce moment, n'étaient pas plus occupés que lui. On tient toujours au lieu où on est né. André parlait d'Angoulême, quand sa belle-mère entra. Elle prêta d'abord une oreille attentive, et se mêla bientôt à la conversation. De souvenir en souvenir, de rapprochement en rapprochement, on arriva à la reconnaissance théâtrale, dont la fin m'avait frappé.

« Hé bien, André, que ferez-vous
» pour votre belle-mère ? — Com-
» ment, Monsieur, ce que je ferai ! J'ai
» fait tout ce que je pouvais faire : je
» lui ai donné jusqu'à mon dernier
» écu. — Mais des soins ? des consola-
» tions ? — Des soins ? nous partons de-
» main. Des consolations ? Je suis valet,
» et elle blanchisseuse, parce qu'elle a

» eu de la vertu. Je me console : qu'elle
» fasse comme moi. »

Je ne manquai pas de raconter, au dîner, l'histoire de la belle-mère. Elle parut amusante et instructive, et on me proclama homme d'esprit. Que de gens brillent dans le monde, et n'ont, comme moi, que de l'esprit d'emprunt!

L'homme d'esprit ne trouva rien à dire au souper. Il s'aperçut que leurs seigneuries ne seraient pas fâchées de parler à leur tour. Il écouta : cela mène toujours à quelque chose.

Il apprit quelle était la composition et l'esprit de la sainte ligue. Elle avait à Paris un comité, qui réglait, qui dirigeait tout, d'après les ordres de Guise. Ce comité enrôlait des ligueurs, et faisait des quêtes, sous le prétexte de pourvoir au nettoyage des rues.

Déjà il avait recueilli trois cent mille écus. Il avait des agens dans toutes les provinces, à qui il faisait passer ces fonds, et partout on trouve des hommes avec de l'argent.

Le roi d'Espagne avait, dans chacun des quartiers de Paris, un payeur, qui soldait, à la fin de chaque semaine, tous les gens du peuple qui s'étaient agrégés à la ligue. Des chefs, choisis par le comité, dans toutes les classes de la population, faisaient chaque jour des enrôlemens nouveaux, et bientôt la capitale du royaume appartint au duc de Guise.

On arrêta enfin le plan de la journée des barricades, et on pressait le duc de le mettre à exécution. Il ne jugeait pas le moment favorable.

Des courriers allaient sans cesse de Paris à Blois, et de Blois à Paris. Catherine avait des espions, qui valaient bien monsieur André. Elle connut le danger qui menaçait elle et le roi. Elle se hâta de traiter avec les huguenots : il lui fallait un appui contre la maison de Lorraine. Le duc se trouvait contraint à jeter son masque, ou à ne mettre aucun obstacle à la paix. Il fit porter le comte de Montpensier au nombre des plénipotentiaires. Voilà tout le secret des négociations précipitées qui allaient s'ouvrir.

On sent bien que je ne recueillis pas ces renseignemens d'une manière suivie. Le maréchal avait de l'esprit naturel, et il était franc et loyal. Monsieur de Villeroi était fin; M. de Montpensier n'était que fier. Villeroi n'avait besoin, pour lui arracher des mots, très-significatifs, que de piquer son amour-propre. Ce sont ces mots, échappés par intervalles, que je viens de mettre en ordre.

Nous étions sur la route de Beauregard, et je causais avec André. « Je
» vois, lui dis-je, que jamais on ne
» doit désespérer de rien. Vous avez
» retrouvé votre belle-mère; pourquoi
» ne retrouveriez-vous pas votre Villel-
» mine? — Si je la retrouvais, je la re-
» prendrais; il le faudrait bien. — Il le
» faudrait bien! Cette femme, si jeune,
» si jolie, n'a-t-elle plus de droits sur
» votre cœur?—Cette femme, si jeune,
» si jolie, a trente-six ans, et elle a
» perdu ses attraits, qui consistaient
» uniquement dans sa fraîcheur. Je la
» reverrais sans peine et sans plaisir.
» —Qu'est devenu l'amour qu'elle vous
» avait inspiré? — Il s'est éteint, par-
» bleu, victime du temps et de l'ab-
» sence. Il se fût peut-être évanoui

» plus promptement, si nous fussions
» restés ensemble. Nous ne sommes ici-
» bas que des passagers. Nos sensations
» sont passagères et fugitives comme
» nous. Cette vérité est tellement dé-
» montrée, que les lois ont essayé de
» combattre la nature. L'ordre social
» ne peut exister que par la distinction
» des familles. Il a fallu, pour le mainte-
» nir, rendre le mariage respectable, et
» on se fatigue, assez communément,
» de ce qu'on est forcé de respecter.

» — Que dites-vous là, André! Moi,
» je me fatiguerais de Colombe, si
» belle, si jolie, si candide, si aimante!
» Cela est impossible. — Monsieur, la
» passion voit tout éternel, et la nature
» veut que tout finisse. — André, vous
» calomniez mon coeur, et cela me dé-
» plaît singulièrement. — Je ne veux
» pas déplaire à Monsieur; et je me

» tais. Je le prie seulement de vouloir
» bien remarquer que je n'ai fait que
» répondre à ses questions. »

Nous continuions de marcher, et je rêvais profondément à ce qu'André venait de me dire. Quelques exemples, présens à ma mémoire, fortifiaient ses assertions. Mais je conclus, après avoir bien réfléchi, que Colombe et moi devions faire exception à une règle, à peu près générale.

Nous arrivâmes à Beauregard, où on devait souper et coucher. Je me présentai au moment où leurs seigneuries allaient se mettre à table : leur ordinaire me convenait beaucoup. La fantaisie des historiettes était passée, et on me notifia, avec assez de ménagement, que je n'aurais pas l'honneur de souper avec messieurs les plénipotentiaires. J'allai trouver André, et je le chargeai de faire un tour à l'office. Il ne parut pas étonné de ma mésaventure. « Les grands, me dit-il, » ressemblent au soleil, qu'il faut ne » voir que de loin. Les petits, qui ont » l'ambition d'en approcher, se brû- » lent : vous l'avez déjà dit. Pour être » heureux, autant que le comporte » notre organisation, il faut vivre avec » ses égaux. »

Il me fit souper, et très-bien. Nous jasâmes d'amitié, et je reconnus la vérité de ce qu'il m'avait rappelé quelques minutes auparavant. Qu'étais-je à la table de leurs hautes puissances? Un complaisant, obligé de les amuser. Si je me mêlais à la conversation, qui, de loin en loin, coupait mes récits, il fallait réfléchir avant que de parler, peser mes paroles, éviter celles qui pouvaient déplaire, en chercher qui fussent flatteuses sans fadeur. Quelle contrainte, et que de difficultés !

Ces messieurs m'avaient proclamé homme d'esprit, sans doute pour justifier la bonté avec laquelle ils m'avaient admis à leur familiarité. L'homme d'esprit n'est, auprès d'eux, que ce brillant et frêle joujou, que brise un enfant qui en est fatigué. Homme d'esprit, parlez; homme d'esprit, amusez-nous; homme d'esprit, taisez-vous; homme d'esprit, retirez-vous. Voilà, avec des circonlocutions et les ménagemens prescrits par la politesse, à quoi se réduit le protocole des grands à l'égard de leurs inférieurs.

Mais ne tiens-je pas, à l'égard d'André, la conduite qui me blesse dans messieurs les plénipotentiaires? Il est plus savant que moi, plus gai que moi, et il y a moins loin de mon valet à moi, que de moi aux ministres du roi de France. Ma foi, l'homme est le même dans toutes les conditions où le sort l'a placé. Il veut dominer, et celui qui ne peut commander à personne, a un chien.

Le désir de savoir de quoi s'occupaient leurs seigneuries mit un terme à mes réflexions philosophiques. Je ne manquais pas de prétextes pour entrer dans leur salle à manger. C'était un papier à remettre à M. le maréchal; un mot obligé à lui dire à l'oreille; des ordres à prendre pour le lendemain, et, en allant et venant, je saisissais toujours quelque chose à la dérobée.

Ces messieurs conféraient, avec le plus grand sérieux, sur la manière dont ils aborderaient le roi de Navarre. Faut-il faire tant de façons avec un huguenot? Ils calculaient les honneurs qu'ils rendraient à un prince, qui n'avait, entre lui et le trône de France, que le frère de Henri III. Pressentir qu'un huguenot règnerait un jour sur nous, c'est être soi-même hérétique, relaps, renégat. Cette idée me mettait en fureur.

« Ah! dis-je à André, Poussanville
» juge bien les grands : ils n'ont pas de
» religion. — Monsieur, on prend un
» masque pour aller au bal, et on le
» jette quand on n'en a plus besoin. »

Le maréchal me fit appeler après le souper. Il me dicta, pour le roi de Navarre, une lettre qui lui annonçait l'arrivée des plénipotentiaires à Bergerac. Il n'y avait pas un mot qui ne fût respectueux. Quelques phrases paraissaient dictées par une sensibilité profonde : leurs seigneuries espéraient que sa majesté mettrait un terme aux maux qui affligeaient la France, par une paix conclue à des conditions raisonnables. La majesté d'un huguenot ne peut être que celle de Satan. Le prince des ténèbres seul avait pu souffler une lettre semblable à leurs seigneuries. Le secrétaire-d'état Villeroi la signa seul, pour éviter toute espèce de contestation entre le maréchal et le comte.

Je reçus l'ordre de partir le lendemain, avant le jour, et d'annoncer, pour midi, l'arrivée des plénipotentiaires. Me voilà métamorphosé en courrier de l'enfer, et je ne partirais pas, s'il ne fallait suivre cette route pour me rapprocher de Colombe.

Chère Colombe, je vais donc te revoir, retrouver près de toi le bonheur et la vie, fondre mon cœur dans le tien, redevenir plus qu'un homme!

Nous partîmes, André et moi, deux

heures avant le jour, et, à trois heures du matin, nous étions aux portes de Bergerac. Les scènes qui m'avaient révolté, affligé à mon entrée à la Rochelle, se renouvelèrent ici. Des soldats huguenots me demandèrent ce que je voulais. Je répondis que je voulais parler à Henri de Navarre. « Dites
» au roi, me répliqua durement un
» officier. Que lui voulez-vous? — Lui
» annoncer l'arrivée des plénipoten-
» tiaires de la cour de France, et lui
» remettre une lettre de leurs seigneu-
» ries. — Passez. »

Les mêmes questions se renouvelèrent à tous les postes; je fis partout les mêmes réponses, et j'arrivai au cœur de la place. « Ne trouvez-vous
» pas, dis-je à André, que tous ces
» gens-là ont des figures de réprou-
» vés? — Ils le sont, sans doute; mais

» je vous avoue, Monsieur, que je ne
» vois rien en eux qui annonce la ré-
» probation. »

CHAPITRE V.

Catastrophes sur catastrophes.

Je demandai à un personnage, qui me parut recommandable, à qui il fallait que je m'adressasse pour être présenté au roi de Navarre. Il me rit au nez, et me tourna le dos. Je le suivis, résolu de lui demander raison de son impertinence. « Et Colombe, me dit » André ! » Ce mot seul m'arrêta.

Je remarquai un groupe de cinq à

six personnes, qui se promenaient par les rues, en causant familièrement. Je les abordai. L'un d'eux avait une figure belle, noble, et qui annonçait la bonté. Un instinct secret nous pousse toujours vers ces gens-là. Je renouvelai, à celui-ci, la question que j'avais adressée à mon insolent rieur. Il me sourit, et se nomma. C'était le roi de Navarre lui-même. Ma physionomie exprima sans doute quelqu'étonnement de le voir pressé ainsi. Il me devina. « Oh! me dit-il, ils me pres» sent bien autrement un jour de ba» taille. »

Je lui présentai la lettre dont j'étais porteur. Il la lut à haute voix. « La » cour veut la paix, dit-il, et elle nous » a toujours trouvés disposés à la faire. » Puisse-t-elle être sincère en ce mo» ment! » Il m'adressa quelques questions sur les dispositions où j'avais laissé les plénipotentiaires. Je pouvais l'instruire de choses que leurs seigneuries ne se doutaient pas que je connusse. Je résistai au désir de faire l'important, et j'avais quelque mérite à me conduire ainsi : on sait que la modestie n'est pas ma vertu d'habitude. Je cherchai à répondre évasivement; mais j'avais affaire à un homme pénétrant.

« Mes amis, dit-il, Catherine veut
» nous opposer au duc de Guise. Si
» on peut s'en rapporter aux apparen-
» ces, il est présumable que la paix
» sera durable. Cependant les négocia-
» tions seront longues, puisque Condé
» est à la Rochelle. » Il parla sur cet objet avec une facilité, avec cette éloquence du cœur qui persuade, qui entraîne. Il s'attendrit sur le triste sort

de la France; il exprima, pour son bonheur à venir, des vœux qui me parurent sincères. Je l'écoutais avec un plaisir inexprimable. Je ne pensais pas à m'éloigner de lui.

« Chavagnac, dit-il enfin, condui-
» sez le capitaine chez Justin, et dites-
» lui de se tenir prêt à recevoir les
» plénipotentiaires. Ils n'y feront pas
» bonne chère; mais ils vivront comme
» nous, et, ventre-saint-gris, ils ne
» peuvent rien exiger de plus. Rosny,
» Mornai, faites recevoir ces messieurs
» au bruit de l'artillerie. »

J'avais oublié, un moment, que Henri de Navarre était huguenot. Le charme se dissipait à mesure que je m'éloignais de lui. Bientôt je pensai que Satan s'exprimait par sa bouche, pour attirer à lui les catholiques, et je me promis bien de résister à la séduction.

M. Justin était un négociant de Bergerac, qui avait une maison d'assez belle apparence. Il pria M. de Chavagnac d'assurer le roi qu'il pouvait disposer de lui, et de tout ce qu'il possédait. Allons, me dis-je, me voilà chez un huguenot. O mon patron, soutenez-moi !

« Vous êtes le maître ici, me dit
» M. Justin. Faites, avec mes domesti-
» ques, les dispositions qui vous pa-
» raîtront nécessaires, et même agréa-
» bles, pendant que j'irai entendre la
» messe. — André, cet homme est ca-
» tholique, et il aime le roi de Navarre !
» Cela me paraît contradictoire, inex-
» plicable. — Monsieur, ne serait-il
» pas prudent de voir et d'entendre
» avant que de se former une opinion ?

» — J'ai vu, j'ai entendu, André, et
» je vous invite à ne pas me contre-
» dire. »

Je n'avais plus que deux heures à
moi. Je visitai la maison, et, pendant
que j'arrêtais les logemens, M. Justin
rentra. Il s'approcha de moi, avec un
air gai et affable. « Vous me laissez peu
» de place, me dit-il; mais je me prê-
» terai à tout pour obliger notre Henri.
» — Votre Henri, et vous êtes catholi-
» que! Ce prince a donc l'art funeste
» de séduire tous ceux qui l'appro-
» chent? — Il ne connaît pas d'art. Il
» est franc, loyal, gai, populaire, gé-
» néreux, brave, juste surtout. Jeanne
» d'Albret, sa mère, nous avait ôté
» nos églises; il nous les a rendues. Il
» veut honorer Dieu à sa manière;
» mais il entend que chacun jouisse de
» la même liberté. »

» Vous l'avez trouvé au milieu de
» son conseil. Il l'a composé des sei-
» gneurs les plus éclairés, et les plus
» équitables. Il parle d'affaires partout,
» parce qu'il ne connaît pas la ruse; il
» ne se donne pas même la peine de
» dissimuler. Le luxe règne à la cour
» de France, et à celle du duc de Guise.
» Le roi de Navarre est simplement
» vêtu; mais il a de bonnes armes, et
» il sait s'en servir. Il sort souvent seul,
» et les habitans de Bergerac l'entou-
» rent, le pressent, le bénissent, et le
» gardent. Voilà son luxe à lui.

» — Monsieur, il n'est pas de catho-
» lique qui ne fût trop heureux de
» réunir d'aussi éminentes qualités;
» mais dans un huguenot ce sont de
» fausses vertus. — M. le capitaine,
» vous êtes bien jeune, et votre âge est
» celui de l'enthousiasme. Le temps et

» l'expérience vous amèneront à des
» idées plus raisonnables. — M. Jus-
» tin, j'espère que mon patron me fera
» la grâce de me soutenir dans celles
» que j'ai adoptées. »

Je montai sur les remparts, et je vis, dans le lointain, le cortége qui s'avançait en bon ordre. Le baron de Rosny avait fait préparer les pièces, et il salua MM. les plénipotentiaires d'une première décharge. Je montai à cheval, et j'allai au-devant d'eux.

Je leur rendis compte de ce que j'avais fait, et ils m'en témoignèrent une franche satisfaction : le bruit du canon les avait mis en gaieté. Je profitai du moment, pour leur donner un avis salutaire. « Messeigneurs, je vous sup-
» plie de voir le roi de Navarre, le moins
» que vous le pourrez. Il m'a séduit,
» moi qui ai l'honneur de vous parler,

» et, si vous n'êtes sur vos gardes, » vous ne résisterez pas à la séduc- » tion. » Ils rirent beaucoup de mes craintes, et de ma manière de les exprimer. Voilà, pensai-je, de ces hommes qui ne doutent de rien. Leur présomption sera punie.

Les négociations seront longues, avait dit le dangereux huguenot. Je brûlais d'être à Biron, et je conjurai le maréchal de m'accorder un congé. « Monsieur, » me dit-il sèchement, vous ne pensez » qu'à votre Colombe. Occupez-vous » d'abord de votre devoir. Vous êtes » le seul officier que j'aie à ma suite; » vous ne me quitterez pas. »

Une seconde salve d'artillerie annonça notre entrée dans la ville. Les catholiques et les huguenots, pressés, confondus autour de nous, levaient les mains au ciel, nous bénissaient, et criaient : vive la paix. Des catholiques unis, par leurs vœux, à des huguenots! et personne ne pensait à séparer le bon grain de l'ivraie. Des lévites d'Israël ne rougissaient pas de se trouver auprès des ministres de Baal! O grand duc de Guise, c'est vous qui apprîtes à votre fils à ne jamais transiger avec l'impiété! C'est vous qui, en passant à Vassy, purgeâtes cette contrée de trois cents soixante huguenots, rassemblés dans une grange! La palme du martyre fut votre récompense. Un suppôt de Calvin, Poltrot, vous la décerna.

Les plénipotentiaires allèrent saluer le roi de Navarre, qui les attendait chez lui. Je le revis, cet homme redoutable. Il exerça, sur leurs seigneuries, l'influence à laquelle il était presque impossible de se soustraire, dès qu'on s'approchait de lui. Cette première entrevue fut consacrée uniquement au cérémonial, et ne dura qu'un quart d'heure. Le roi de Navarre se leva ensuite, s'approcha des ministres de Henri III, causa familièrement avec eux, laissa échapper de ces traits d'esprit, si naturels, si simples, qu'on était surpris de ne les avoir pas trouvés. Il se laissa aller ensuite aux sensations de son cœur, et des larmes roulèrent dans tous les yeux. Non, Henri de Navarre n'est point un homme, pensai-je. Un dieu, ou un démon suborneur, a pris sa figure pour séduire, corrompre les humains. Je m'enfuis : je sentais que j'allais pleurer aussi.

Je repassais tout ce que j'avais vu et entendu depuis mon entrée à Bergerac, et le souvenir de Colombe calma les idées noires qui me poursuivaient.

Les négociations seront longues,

avait dit le roi de Navarre, et le maréchal m'a défendu de m'éloigner de lui! « André, je suis au supplice. Il
» faut que je la revoie, ou que je retombe dans le désespoir où vous
» m'avez trouvé à Saurigny. — Du désespoir, Monsieur! Il n'y a pas à balancer : désertez, et allons à Biron.
» —Non, mon ami, je ne déserterai
» pas. Mais le maréchal aime tendrement son épouse. Partez. Allez dire à
» cette dame que nous sommes ici pour
» long-temps, et que Monseigneur sera
» heureux de l'avoir auprès de lui. Je
» vous donnerai une lettre pour Colombe; vous la lui lirez, et si la maréchale refuse de vous suivre, vous
» lui parlerez de celle qui m'est si
» chère. Vous l'aurez entendue; ne
» perdez pas un mot de ce qu'elle vous
» aura dit, pas un mot, mon cher

» André. Allez, partez, et puisse votre » retour combler bientôt tous mes » vœux ! » Je lui donnai de l'argent, il monta à cheval, et il disparut.

Je me promenais de chambre en chambre, chez M. Justin, en pensant à Colombe. Une jeune personne, de dix-sept à dix-huit ans, allait, venait, donnait des ordres à ses domestiques, et les faisait exécuter. Elle portait à sa ceinture un chapelet, qui fixa mon attention. C'est une catholique, pensai-je, et cette idée me porta à m'approcher d'elle, et à lui adresser la parole. C'est mademoiselle Clotilde, la fille unique de M. Justin. Elle est vive, légère, enjouée, et elle doit paraître charmante à qui ne connaît pas Colombe. Une jolie figure attire toujours, et je trouvais du plaisir à causer avec elle.

Nous étions en conversation réglée, quand leurs seigneuries entrèrent. Le maréchal s'arrêta devant nous. « Vous » auriez dû nous attendre, me dit-il, » et nous conduire ici. — Monseigneur, » le roi de Navarre fait rire ou pleurer » à son gré. Il me fait peur. — Vous » êtes un enfant. Voyons nos loge- » mens. »

Clotilde conduisit ces Messieurs partout, avec une grâce toute particulière. Le maréchal la regardait avec une attention très-remarquable, et qui, par conséquent, ne m'échappa point. Il n'en fallait pas plus pour que j'observasse sa conduite.

Pendant le reste de la journée, il saisit les occasions qui se présentèrent de s'approcher d'elle, et de lui adresser quelques mots. Il la chercha le lendemain.

Voilà, pensai-je, le maréchal amoureux, malgré ses cinquante ans. Amoureux d'une fille de dix-huit! Il perdra son temps et son amour.

Pas du tout. La petite semble vouloir lui donner quelque facilité. Elle lui sourit quand elle le rencontre, et elle a toujours quelque chose à voir ou à faire dans nos logemens. Bien certainement le maréchal n'a pas eu avec elle de conversation suivie, ainsi il ne lui a pas fait d'aveu. Il paraît que les femmes, même les plus jeunes, n'en ont pas besoin, et qu'elles ne se trompent jamais sur les sentimens qu'elles inspirent. Mais un amoureux de cinquante ans! Ah! les femmes ont peut-être deux amours, amour de cœur et amour de vanité. Les rides naissantes du maréchal disparaissent aux yeux de Clotilde, sous les lauriers qui les couvrent.

La première conférence devait avoir lieu chez le roi de Navarre, ce jour-là, à midi. Messieurs les plénipotentiaires m'ordonnèrent de les suivre, et d'être prêt à écrire, si les circonstances le demandaient.

Leurs seigneuries furent reçues avec l'affabilité qui distinguait le roi de Navarre. On s'assit, et Rosny ouvrit la séance par un discours, prescrit, me dit-on, par l'usage. Selon les apparences, l'usage veut que ces discours ne signifient rien, car Rosny parla long-temps sans rien dire. Au reste, le roi et lui pouvaient émettre, après cela, toutes les idées que le moment ferait naître, sans crainte de se mettre en contradiction avec eux-mêmes, et c'est quelque chose.

Monsieur de Villeroi prit la parole: on sait qu'il était le plus fin des trois ministres du roi de France. Il parla d'abord de la paix et du besoin qu'en avait la France. Les deux partis avaient la même opinion, et on posa aussitôt cette première base des négociations.

On commença à discuter les conditions du traité. M. de Villeroi voulut se rendre impénétrable sur les concessions que la cour était disposée à faire : c'était le moyen d'accorder le moins possible aux huguenots.

Le roi de Navarre l'interrompit. « Monsieur de Villeroi, ne perdons pas » le temps en ruses diplomatiques. » Traitons franchement, loyalement. » Voici ce que vous pouvez accorder. » Il répéta aux plénipotentiaires ce qu'ils avaient proposé et arrêté, dans leurs conférences secrètes, de Poitiers à Bergerac.

Le maréchal se tourna vers moi, et

me lança un regard foudroyant. Que me veut-il? Je n'ai rien dit au roi de Navarre de ce qu'il vient de rapporter.

Leurs seigneuries parurent déconcertées. Le Béarnais rit. « Voilà, Messieurs, leur dit-il, bien des articles » réglés en moins d'une heure. Je vais » expédier un courrier au prince de » Condé. Il sera porteur des conditions » que nous venons d'arrêter; le prince » les approuvera, sans doute, et au retour » du courrier, il suffira d'une » séance pour clore le traité. Messieurs, » vous dînez avec moi. »

Quand nous fûmes rentrés chez Justin, les plénipotentiaires s'enfermèrent dans leur salle des conférences. Ils m'y appelèrent, et me firent une scène épouvantable. Je ne savais où j'en étais; j'étais incapable de trouver un mot pour ma défense, et cependant je croyais n'avoir rien à me reprocher.

On ne peut toujours crier. Ces messieurs commencèrent enfin à se rendre intelligibles. Ils m'accusaient d'avoir livré au roi de Navarre les secrets de la cour de France. Ils savaient que j'avais entendu bien des choses, et j'étais le seul qui ait pu en parler à Bergerac. Les apparences étaient contre moi.

Je me défendis, avec la confiance et l'énergie que donne l'innocence. Mon ton, mes expressions, le jeu de ma physionomie avaient un caractère de vérité, qu'on ne joue pas, à vingt ans surtout. « Mais qui donc a pu ins-
» truire le roi de Navarre, me deman-
» da le maréchal? — Monseigneur, il
» n'a pas besoin de l'être. Le diable s'est
» emparé de lui, et parle par sa bouche.
» — Hé, Monsieur, le diable n'est

» pour rien dans cette affaire-ci. Ce
» prince vous a-t-il fait des questions,
» quand vous avez paru devant lui? —
» Oui, Monseigneur. — Que vous a-
» t-il demandé? Que lui avez-vous ré-
» pondu? »

Je me rappelai assez facilement la conversation que j'avais eue la veille avec ce prince. Je la rendis, à peu près, dans les mêmes termes. « Allons, al-
» lons, dit M. de Villeroi, la Mouche-
» rie n'a rien dit de positif. Il est même
» facile de reconnaître qu'il a cherché
» à se renfermer dans des réponses gé-
» nérales, et par conséquent évasives.
» Mais il a eu affaire à un homme pé-
» nétrant. Henri a tiré des inductions
» certaines de ce qu'il lui a dit : ce
» jeune homme est innocent. Mais,
» Messieurs, nous venons de recevoir
» une leçon assez forte pour éviter, à

» l'avenir, toute communication di-
» recte avec qui que ce soit, quand
» nous parlerons d'affaires.

» La Moucherie, reprit le maréchal,
» vous vous logerez à l'extrémité de la
» maison. Vous n'approcherez du quar-
» tier que nous occupons que quand
» vous y serez mandé. Dites à Clotilde
» que je la prie d'avoir soin de vous. »

Le voilà donc calmé, cet orage qui menaçait de m'abîmer. Il faut avouer que je reviens de loin, car enfin leurs seigneuries pouvaient être injustes avec impunité, et elles ont daigné ne pas m'écraser. Tenons compte aux grands du bien qu'ils nous font, et du mal qu'ils ne nous font pas.

Je n'avais pas mon philosophe André, et ma position me plaçait au-dessus des valets. Il ne me suffisait pas de penser; il fallait que je parlasse à quelqu'un, qui pût m'entendre et me répondre. Clotilde est jeune, et toute jeune femme doit être, plus ou moins, sensible. Sa chambre, d'ailleurs, n'est pas éloignée de la mienne. Nous devons nous rencontrer souvent. Elle sera ma confidente.

Je lui parlais de mon amour, de mes privations, de mes espérances, avec cette chaleur qui se communique si aisément. Clotilde soupirait en m'écoutant; souvent elle baissait les yeux, en jouant machinalement avec son chapelet, et elle me répondait avec une justesse étonnante. C'est un bouton de rose, pensai-je, qui n'attend pour s'ouvrir qu'un rayon du soleil.

Jamais le maréchal n'avait eu autant de choses à me dire, et il m'en disait souvent de fort insignifiantes. Il fronçait son sourcil gris, quand il me trouvait avec Clotilde, et je la quittais peu. Bientôt, il ne chercha plus de prétextes pour lui parler. Il me parut épier, au contraire, les momens où je sortais.

J'avais été faire un tour par la ville. Le grand air m'avait rafraîchi la tête, et je revenais auprès de Clotilde épancher de nouvelles pensées d'amour. Je la trouvai assise auprès du maréchal. Il tenait une de ses mains, et il lui parlait avec vivacité. Il rougit en me voyant. Rougir, en pareil cas, c'est s'avouer coupable. Cependant, il aime tant la maréchale! Ah, je vois ce que c'est : certains hommes ont aussi deux amours, amour de devoir, et amour du cœur.

« Monsieur, me dit-il, nos chevaux
» et nos équipages sont à la discrétion
» de nos valets. Je vous charge du soin

» de les surveiller. Allez dire à mon
» majordôme de vous loger de manière
» à ce que vous puissiez facilement
» remplir la mission que je vous donne.»
Le véritable motif qui portait le maréchal à m'éloigner, n'était pas difficile à deviner.

Les droits de l'hospitalité violés, une jeune fille conduite au bord du précipice, le respect, la reconnaissance, l'attachement que je devais à madame la maréchale, tout m'imposait la loi de prévenir les événemens que je redoutais. Je résolus d'instruire Justin de ce qui se passait.

Je le rencontrai sur l'escalier qui conduisait à la chambre de sa fille. Il avait l'air soucieux. « Monsieur le ca-
» pitaine, où est Clotilde? — Dans sa
» chambre, Monsieur Justin. — Et le
» maréchal? — Voyez, cherchez, Mon-

» sieur Justin. » Il monta rapidement. Bon, pensai-je, il a des soupçons. Il va mettre ordre à tout cela, et je n'aurai pas commis d'indiscrétion : il faut quelquefois se borner à jouer un rôle secondaire.

Je n'étais pas pressé de parler au majordôme. Je m'arrêtai au bas de l'escalier. Je voulais connaître le dénouement de la scène qui, vraisemblablement, se passait en haut : cela était bien naturel.

Justin descendit promptement. Sa fille le précédait. Elle était rouge comme une cerise. Cependant son collet montant et la dentelle qui le bordaient n'avaient rien perdu de leur fraîcheur. Je crois, au reste, qu'il était temps que Justin arrivât.

Il conduisit sa fille, je ne sais où, et le maréchal parut bientôt. Il avait le

calme et la dignité d'un ministre plénipotentiaire : il reprenait le masque qu'il avait déposé en haut. «Que faites-
» vous là, Monsieur, me dit-il du ton
» le plus dur? » Un grand ne pardonne pas à un inférieur qui l'a trouvé faible.
« Pourquoi n'êtes-vous pas aux écu-
» ries? Vous avez la manie de tout voir,
» de tout écouter. Elle vous a nui à
» Étampes ; elle vous sera funeste à
» Bergerac, s'il vous échappe un mot
» indiscret. Allez, obéissez, et ne re-
» paraissez devant moi que lorsque je
» vous ferai appeler. Ah, envoyez-moi
» Quentin. »

La discrétion que me commandait le maréchal, sous des peines graves, me prouvait ses vues sur Clotilde, et qu'il l'aimait au point de perdre la tête: il eût plaisanté, dans toute autre circonstance, d'un incident qui allumait sa colère, et qu'un air de gaîté eût pu faire croire tout-à-fait sans conséquence. C'était le sourire sur les lèvres qu'il devait se présenter à moi ; mais l'homme passionné ne réfléchit pas.

Justin commit une autre faute. Il mit sa fille chez une parente, bavarde à l'excès. Deux heures après, le maréchal et Clotilde étaient la fable de la ville.

Quentin rôdait sans cesse autour de la maison qui recélait la jouvencelle. Tout le monde le remarquait, et je jugeai, moi, qu'il était un de ces valets qu'un peu d'or dédommage de l'avilissement où les plonge leur maître.

J'étais réduit à surveiller des chevaux, et ces fonctions là n'ont rien d'agréable. J'étais dédommagé de ma disgrâce par la satisfaction d'apprendre tout ce qui se passait : les domestiques sont les espions de leurs maîtres. Je sus que Montpensier et Villeroi plaisantaient le maréchal; que le roi de Navarre le félicitait sur la rapidité de ses conquêtes; que Justin était au désespoir; que sa fille pleurait; que sa vieille parente la sermonait; enfin que le maréchal jouait un fort sot personnage. Quel bruit, quel scandale! Et je n'étais pour rien dans cette affaire-là! Quelle tournure elle eût prise, si je l'eusse dirigée! J'étais incapable de cette perfidie.

J'avais voulu, au contraire, sauver cette jeune fille, et toutes les circonstances s'étaient réunies pour la perdre! Quel sera le dénouement de cette aventure? Il n'y a pas d'intrigues qui n'ait le sien. J'étais loin de prévoir celui qui se préparait. Je devais en être la première victime.

On ne peut s'occuper toujours des

affaires des autres. Il faut revenir aux siennes, surtout quand elles sont du plus haut intérêt. Il y avait trois jours qu'André était parti. Je commençais à compter les heures, les minutes ; j'aurais voulu précipiter la marche du temps. Hélas! il marchait avec trop de rapidité.

Je sortais de la ville, et je me portais sur le chemin de Cahors. Je regardais au loin et je ne découvrais rien. Mes yeux fatigués s'efforçaient en vain de pénétrer dans le vague qui terminait l'horizon, et je rentrais à Bergerac, triste et abattu.

Je ne pus maîtriser plus long-temps mon cœur et ma tête. Je sautai sur un cheval, décidé à braver le courroux du maréchal, et je pris, ventre à terre, la route de Biron.

Je distinguai bientôt un cavalier ;

une voiture le suivait de près, et je poussai mon cheval plus vivement que jamais. Je reconnus André.

La gaîté était son élément, et sa figure exprimait, en ce moment, une tristesse profonde. Je ne m'arrêtai pas avec lui, et je courus à la voiture de madame la maréchale. J'y vis cette dame avec Claire et Félicité. « Colombe, m'écriai-je, Colombe! — J'ignore ce qu'elle est devenue. »

Le tonnerre tue, écrase, pulvérise ; ce coup terrible ne m'ôta pas la vie. André était déjà descendu de son cheval. Il me reçut dans ses bras, et me porta dans la coche de madame. Elle me parla long-temps, et je n'entendis rien de ce qu'elle me dit. Je souffrais horriblement, et je ne pouvais mourir.

André ne savait rien de l'aventure de Clotilde, et il conduisit la coche à la porte de la maison qu'habitaient leurs seigneuries. Madame et ses femmes y descendirent. Je ne vis plus rien.

Je sortis d'une espèce de léthargie, et je me trouvai dans le logement que m'avait donné le majordôme. André était près de moi; il me tenait les mains. Il n'opposa point à ma douleur ces ieux communs, par lesquels le vulgaire croit consoler les affligés. Il s'efforça de faire renaître l'espérance dans mon cœur flétri. L'espérance ranime le courage : il m'en fallait de plus d'un genre. Je me sentis la force d'écouter le récit de mon infortune.

Colombe me croyait mort et l'existence lui était insupportable. Les soins, les consolations de la maréchale lui étaient à charge : elle voulait penser et souffrir seule. « Il n'y a que Dieu, s'é-
» cria-t-elle enfin, qui puisse le rem-

» placer dans mon cœur. » Madame ne put obtenir d'elle que ces paroles.

La bonne, la respectable dame voulait l'éloigner de ce château de Montbason, où elle avait été frappée du coup mortel. Elle espérait que le grand air, et la vue d'objets nouveaux, lui donneraient quelque distraction. Elle marcha ce jour-là jusqu'à Preuilly, et la journée était forte. Elle fit dresser, dans sa propre chambre, un lit pour l'infortunée. Elle l'entendit plusieurs fois répéter dans la nuit : Dieu seul peut le remplacer dans mon cœur.

Elle parut plus calme le jour suivant : la vraie piété est le seul baume qui puisse guérir les plaies de l'âme. Colombe avait pris une résolution invariable, et elle se sentait soulagée.

Elles arrivèrent au camp du maréchal, et l'infortunée ne fit, ne dit rien qui pût donner des inquiétudes à madame. Elle ne s'occupait que de l'exécution de son dessein.

Le surlendemain elles s'arrêtèrent à Saint-Junien, et c'est-là que Colombe disparut. Madame la fit chercher, pendant le jour suivant, par ses femmes, par ses domestiques. Elle-même parcourut la ville, cherchant partout des renseignemens, qu'elle ne put obtenir. Elle se décida à continuer sa route.

Tel était l'état des choses, quand André arriva à Biron. Il prévit celui où me jetterait cette affreuse nouvelle. « Dieu seul peut vous remplacer dans
» son cœur, me répéta-t-il, pour la
» vingtième fois. Il est clair qu'elle s'est
» jetée dans un cloître, à Saint-Junien,
» ou dans les environs. Nous la cher-
» cherons, nous la trouverons. — Oh,
» oui, oui, André. Voilà le moment de

» déserter, partons. — Vous ne déser-
» terez pas, monsieur. Le Maréchal n'est
» plus rien pour vous. — Comment
» cela ? »

Lorsque la voiture arrêta devant la porte de monseigneur et qu'il reconnut madame, il resta frappé d'étonnement et d'une sorte de crainte. Bientôt il composa son visage, et il embrassa son épouse, avec une tendresse sincère ou simulée. Il lui présenta la main pour la conduire chez elle. André les suivait : il aidait aux domestiques à monter les paquets de Madame. Le maréchal lui demanda à quel heureux hasard il devait le plaisir de la revoir sitôt. Cette question parut l'étonner. Elle répondit qu'elle s'était conformée à ses ordres. Il était impossible que cette réponse n'amenât pas une explication.

Le maréchal sut que j'avais expédié André à Biron avec une invitation positive à Madame de se rendre près de son époux. « Il espérait, ajouta-t-elle, » que je lui ramènerais sa Colombe. » Pauvre jeune homme ! » La figure du maréchal exprima des sentimens violens, et quelquefois contraires.

Le comte de Montpensier et M. de Villeroi, se hâtèrent de descendre. Ils félicitèrent Madame sur son heureuse arrivée ; et ils regardaient le maréchal d'un certain air ironique, qui parut ne pas échapper à son épouse. Cette première impression se serait dissipée sans doute ; mais un incident imprévu brouilla tout.

Justin désolé, exaspéré, parut inopinément. Il tomba aux genoux de Madame, et la supplia de sauver sa fille ; de la protéger contre le rang et les entreprises du maréchal. L'éclat était fait, et la démarche de Justin était au moins inutile. Mais le désespoir ne permet pas de raisonner. Ces scènes se passèrent sur l'escalier.

Tout était éclairci, et Madame parut profondément affectée. Villeroi entreprit de rétablir l'harmonie entre les deux époux. Il avait de l'esprit : c'était bien le moment de s'en servir.

Il convint franchement que peu de maris, éloignés de leurs femmes, résistent à l'occasion, quand elle se présente; mais que l'épouse qui réunit la beauté à une haute naissance et à une amabilité remarquable, n'a qu'à paraître pour n'avoir plus de rivales à redouter. « Ce qui prouve invincible-
» ment, madame, que l'erreur de M. le
» maréchal n'est que celle d'un mo-
» ment, c'est le vif intérêt, l'extrême

» tendresse avec lesquels ses yeux se
» fixent sur vous. » Un mari pris sur le fait, joue toujours un sot personnage, et le maréchal laissait parler son interprète. Villeroi avait caressé l'amour-propre de madame, et il s'en était aperçu. Il ajouta quelques phrases flatteuses pour elle, et elle ouvrit ses bras à son époux. La dévotion n'éteint jamais, entièrement, dans une femme, la confiance que lui inspire sa beauté.

Le dénouement n'était pas complet encore. André voulait savoir quel serait mon sort. Il n'attendit pas longtemps. Le maréchal descendit, après avoir conduit madame à son appartement. « Votre maître, dit-il à mon do-
» mestique, est un faquin, qui a la fu-
» reur de se mêler de tout, et que les
» plus tristes expériences ne corrige-

» ront pas de cette détestable manie.
» Je lui dois la scène, infiniment désa-
» gréable, que je viens d'essuyer. Qu'il
» n'essaie pas de se justifier. Sa pré-
» sence renouvellerait des explications,
» qui ne peuvent qu'être dangereuses,
» en ce moment. Il m'a demandé un
» congé, pour aller voir sa Colombe.
» Je lui en donne un de cent ans. Il
» aura le temps de chercher sa belle.

— « Et ce qu'il tient de vous, mon-
» seigneur? — Qu'il le garde, et que je
» ne le revoie jamais. »

« Voilà, me dit André, la péripétie
» la plus embrouillée complètement
» terminée, tant bien que mal. Voyons
» maintenant quelle est notre position.
» Vous avez dix mille livres en espèces
» sonnantes, et avec cela on va loin.
» Ajoutons, au principal, des accessoi-
» res, qui ne sont pas à mépriser; une

» garde-robe montée, qui vous permet-
» tra de vous présenter partout; une
» voiture assez jolie, qu'on s'est donné
» la peine de ramener de Poitiers ici;
» deux bons mulets et un excellent
» cheval. Avec cela, on voyage com-
» modément. — Partons, André. —
» Partons, Monsieur. C'est ce que nous
» avons de mieux à faire. » En moins
d'une heure, il avait fait les dispositions
nécessaires pour notre départ.

On pense bien que nous prîmes la
route de Saint-Junien. J'étais successi-
vement agité par deux sensations op-
posées, la crainte et l'espérance. Je
passais rapidement de l'une à l'autre.
Je ne parlais pas; mais André lisait ce
que j'éprouvais dans mes yeux, et sur
les muscles de mon visage. Il entreprit
de me faire oublier pendant un mo-

ment, la terre, et la plus parfaite des créatures qui l'habitaient.

« Monsieur, me dit-il, nous sommes
» à peu près persuadés que le soleil est
» habité. — Que m'importe? — Mais
» notre soleil n'est pas le seul qui nage
» dans l'immensité de l'espace. — Où
» est le second? — Que pensez-vous des
» étoiles fixes? — André, vous m'im-
» patientez. — Les étoiles sont autant
» de soleils. Nous les voyons petits, en
» raison de leur éloignement. Mais si
» la lumière primitive n'émanait pas
» d'eux, ils n'auraient qu'une lumière
» réfléchie, et nous apercevrions fa-
» cilement les globes de feu qui la leur
» communiqueraient. Ainsi nous pou-
» vons promener notre imagination
» dans cette foule innombrable de so-
» leils, qui, peut-être, diffèrent essen-
» tiellement entre eux : vous le savez,

» Monsieur ; diversité est la devise de
» la nature. — Non, je ne sais pas
» cela.

— » Pourquoi chacun de ces soleils
» n'aurait-il pas, comme le nôtre, des
» planètes à qui il imprime un mou-
» vement de rotation, qu'il attire à lui,
» et que leur poids soutient dans le
» vague ? — Finissez, et occupons-nous
» de Saint-Junien. — Nous ne pouvons
» les apercevoir, parce que leur lu-
» mière d'emprunt échappe nécessaire-
» ment à notre vue. Mais si tout est
» varié dans la nature, n'est-il pas
» vraisemblable que les habitans de
» telle de ces planètes naissent et vivent
» pour l'amour ? — Tu crois cela, An-
» dré ? — Qu'ils s'attachent à l'objet de
» leur tendresse, comme la vigne à
» l'ormeau ? — Ils en seraient plus mal-
» heureux. — Qu'ils ne sont contrariés

» par aucune institution sociale; que
» leur organisation leur impose la né-
» cessité d'être toujours contens; que
» leurs enfans couvrent leurs rides de
» guirlandes de fleurs; qu'ils s'éteignent
» dans les bras de ceux qui leur doivent
» le bonheur d'aimer à leur tour, le
» même jour, à la même heure, à la
» même minute, sans avoir connu le
» chagrin, ni les regrets? — André,
» mon cher André, c'est le ciel que tu
» me peins là. — Monsieur, le bonheur
» est partout; il est sur notre terre;
» vous l'avez goûté un moment. Il a
» fui; cherchons-le, et vous le re-
» trouverez. — L'espérance renaît dans
» mon cœur. — Mais cherchons-le gaie-
» ment. L'œil qui se baigne dans les
» larmes, passe à côté de lui, parce qu'il
» ne peut l'apercevoir. L'œil qui sou-

» rit voit tout, saisit tout. La gaieté fixe
» l'espérance, et espérer, c'est déjà
» jouir. »

André s'était emparé de mon imagination. J'étais, avec Colombe, dans la planète fortunée, où on n'existe que pour aimer; nous augmentions le nombre de ses heureux habitans; nous partagions leurs plaisirs simples et touchans. « Mais, André, pourquoi ces rides et ces
» guirlandes de fleurs? je ne peux m'ac-
» coutumer à l'idée de voir Colombe
» perdre sa fraîcheur et ses attraits.
» Terminons le tableau séduisant que
» tu as offert à mon cœur. Je veux que
» dans ta planète, on arrive à la fin de
» sa carrière, sans avoir connu aucun
» des désagrémens de la vieillesse. —
» Oh, ma foi, Monsieur, c'est être trop
» exigeant. Bientôt vous voudrez qu'on
» ne meure pas dans ce monde-là. —

» André, on doit y être si bien ! » En raisonnant, ou plutôt en déraisonnant, nous entrâmes à Saint-Junien.

CHAPITRE VI.

Antoine de Mouchy retrouve Colombe et se désespère.

On sait que le maréchal tenait beaucoup à tout ce qui annonçait sa grandeur. Les casaques de ses domestiques, les couvertures de ses chevaux, celles de ses fourgons offraient ses armoiries à l'admiration du public. Elles étincelaient d'or sur la coche de madame. Elles avaient été assez maltraitées dans les magasins de la Rochelle;

il les avait fait rétablir à neuf à Bergerac. Les ouvriers cherchent toujours de l'ouvrage : ils avaient placé l'écusson de monseigneur sur ma modeste voiture, dont on ne leur avait point parlé. Cela m'avait été fort indifférent jusqu'alors; mais les choses les plus insignifiantes reçoivent quelquefois, des circonstances, une valeur inattendue.

Le particulier qui avait reçu madame la maréchale, reconnut ses armoiries. Il accourut nous demander où en étaient les négociations de paix, et il finit par nous inviter à descendre chez lui. Il avait vu Colombe; il lui avait probablement parlé; sa proposition était la plus agréable qu'il pût me faire.

Il nous fit servir un bon souper, dont je m'occupai peu; mais il le partageait avec nous, et je lui adressai, sur la disparition de Colombe, une foule de questions, auxquelles il ne put répondre d'une manière satisfaisante. Il avait trouvé Colombe charmante; il avait cela de commun avec tous ceux qui la voyaient. Son air annonçait la mélancolie; il ne m'apprenait rien de nouveau. Elle s'était enfuie à l'approche de la nuit; madame la maréchale avait ordonné à ses domestiques de la chercher dans la ville, et dans les environs. Elle était allée, elle-même, chez le président, chez le curé; elle les avait priés instamment d'ordonner des recherches, et de faire conduire la jeune femme à Biron, si on la retrouvait. Les domestiques n'étaient pas amoureux. Il leur était fort égal que Colombe fût trouvée ou non, et il est probable qu'ils passèrent la nuit à jouer à la prime au cabaret. En effet, au point du jour, ils vinrent dire à Madame qu'ils n'avaient rien vu, et ils ne purent répondre un mot aux questions que notre hôte leur adressa sur les lieux qu'ils avaient parcourus. Madame voulut bien attribuer leur silence à l'ignorance des localités, et elle partit.

Il résultait de ce rapport que nous avions tout à faire. Je m'en félicitai, parce que rien ne prouvait que Colombe fût sortie de la ville, et j'étais déterminé à la chercher dans les recoins les plus cachés. « Monsieur, me
» dit André, vous êtes amoureux,
» très-amoureux, c'est fort bien; mais
» cela ne vous autorise pas à faire des
» perquisitions chez les habitans, et à
» mettre leur ville en combustion. De
» quel droit leur demanderez-vous
» l'ouverture de leurs maisons? — Du

» droit de l'amour.—Du droit de
» l'amour, du droit de l'amour! ce
» droit-là paraît le premier quand on
» n'a que vingt-un ans; mais les bonnes
» gens de Saint-Junien ne sont pas
» amoureux, et ils se moqueront de
» vous, s'ils ne vous assomment pas.

» Quand on veut juger sainement
» des choses, il faut se mettre à la
» place des personnages qu'on a in-
» térêt à pénétrer, et se demander ce
» qu'on ferait dans telle ou telle posi-
» tion. Faites-vous Colombe, pour un
» moment. Iriez-vous vous réfugier
» chez quelqu'un qui ne vous connaî-
» trait pas, et qui n'aurait aucune
» raison de vous accorder un asile?
» qu'y feriez-vous, d'ailleurs, si vous
» l'aviez obtenu? rien que vous n'eus-
» siez pu faire auprès de madame la
» maréchale. Dans les actions les moins

» réfléchies, on a toujours un but.
» Pénétrons celui qu'a pu se proposer
» Colombe. Je ne crois pas que cela
» soit difficile. Dieu seul, a-t-elle dit,
» peut vous remplacer dans son cœur.
» Cherchons-la dans les bras de Dieu.
» Où a-t-elle pu se vouer exclusivement
» à lui? dans un cloître. Les filles du
» Seigneur tiennent beaucoup à une
» dot; elles tiennent aussi à une figure
» angélique, que fait valoir une belle
» voix, surtout quand on sait la con-
» duire comme madame de la Mou-
» cherie. — La Moucherie! ce sobri-
» quet est de l'invention du maréchal,
» et je reprends mon nom. — Ma foi,
» Monsieur, je ne vous en connais pas
» d'autre. — Tu m'appelleras Mou-
» chy : c'est le nom de mon père et
» celui de mon aïeul. — A la bonne
» heure.

» — C'est donc sur les couvens de
» filles que nous dirigerons nos recher-
» ches. — Oui, Monsieur. Nous les
» commencerons demain. Il est tard,
» et je vous demande la permission de
» me coucher. Je vous invite à en faire
» autant, et à dormir, si vous le
» pouvez. »

Dormir! Le sommeil fuit les malheureux. Le lendemain, à la pointe du jour, j'étais habillé, et il me semblait que tout le monde devait l'être comme moi. J'entrai dans la chambre d'André; je m'approchai de son lit. Il dormait profondément. Ah, pensai-je, je n'ai pas besoin de lui dans une ville dont je ferai le tour dans un quart-d'heure. Qu'il repose, puisqu'il est assez heureux pour le pouvoir faire.

Malgré la justesse des observations qu'il m'avait adressées la veille, je résolus de ne rien négliger. Quelques ouvriers commençaient à ouvrir leurs boutiques, et je leur demandai la demeure du président. Je frappai, je sonnai à sa porte de manière à réveiller des sourds. Une vieille servante, à demi-nue, mit la tête à une lucarne, et me demanda, d'une voix glapissante, ce que je voulais. « Je veux parler à » Monsieur le Président. — Parler à un » président à six heures du matin ! êtes-» vous fou ? — La justice doit toujours » veiller. — Nous n'avons pas besoin » de vos sentences. Laissez-nous tran-» quilles. » Et elle referma sa lucarne. Une idée heureuse se présenta. Je recommençai à frapper et à sonner. La lucarne se rouvrit, et la vieille reparut, armée d'un vase dont le contenu me menaçait. Je sautai de quatre pas en arrière, et je lui criai que j'avais à parler à Monsieur de la part de madame la maréchale de Biron, et que l'affaire était pressée. « De la » part de cette illustre Dame, qui est » si belle et si bonne? Oh, c'est autre » chose. L'épouse d'un maréchal de » France, ministre plénipotentiaire du » Roi! Oui, je peux éveiller Monsieur. » Il ne se lève pas de bonne heure, » sans avoir la migraine. Mais je lui » ferai de la camomille. — Finissez » votre verbiage, et introduisez-moi. » — Verbiage, verbiage! dit-elle, en » m'ouvrant une salle basse. Il y a » vingt-sept ans que je sers Monsieur » le président, et jamais il ne m'a fait » le moindre reproche. — Allez donc » l'éveiller: — Je fais seule les affaires » de sa maison, et jamais il ne compte » après moi. Les plaideurs recherchent » ma protection, oui, Monsieur, ma

» protection...., hé, bien, où court
» donc cet étourdi?.... Monsieur!....
» Monsieur!.... »

J'avais franchi les degrés en quatre sauts. J'ouvrais toutes les chambres, et j'appelais le président de manière à le rendre sourd. J'aperçois un lit à quatre colonnes, qui soutiennent une espèce de dais garni de serge feuille-morte. Les rideaux, hermétiquement fermés, sont de la même étoffe. Je les tire, à droite à gauche; les anneaux jouent sur les tringles de fer, et font un charivari, dont j'aurais ri en toute autre circonstance. Je distingue enfin une masse informe, à demi-ensevelie dans le duvet. Des bras épais et courts, une moustache qui s'agite, des cris inarticulés me font connaître que ce paquet n'est autre chose que le Président.

La vieille arrive, hâletante, sa canne en béquille à la main. «Mar-
» guerite, allez me chercher les ar-
» chers.... non, appelez-les par la
» fenêtre.... je ne veux pas rester
» seul avec cet enragé-là. — Un mo-
» ment, Monsieur. — Je le ferai jeter
» dans un cul-de-basse-fosse, et je
» l'y tiendrai six mois. Oser réveiller
» un président, qui digérait tran-
» quillement son bouillon, et l'éveil-
» ler en sursaut! Appelez donc,
» Marguerite. — Un moment, vous
» dis-je. Monsieur est l'homme de
» confiance de Madame la maréchale
» de Biron. — De Madame la maré-
» chale de Biron! approchez un fau-
» teuil à Monsieur.»

Après quelques efforts infructueux, mon paquet de président parvient à se mettre sur son séant. Marguerité s'empresse de lui garnir le dos d'oreillers, pour le maintenir dans la position qu'il a prise. Il lève péniblement son bonnet de velours noir, et il incline devant moi sa tête chauve, autant que le lui permet un cou, gros et court.

Ce cérémonial me désolait, m'exaspérait. « Colombe ! Colombe, répétai-
» je, sans interruption. De quelle
» Colombe me parle Monsieur l'agent
» de madame la maréchale, me répon-
» dit enfin le président? — De cette
» femme charmante, qui s'est perdue
» dans cette ville, et que madame de
» Biron vous a prié de retrouver. —
» Ah, oui, oui, Monsieur.... je me
» rappelle.... nos environs sont infestés
» de brigands. Tous mes archers les
» poursuivent depuis long-temps; mais
» dès qu'ils rentreront.... — Hé, Mon-

» sieur, ils sont ici depuis quatre
» jours. — Je vous dis, Marguerite,
» qu'ils ne sont pas rentrés.— Je vous
» assure, Monsieur, qu'ils le sont.
» Vous le savez bien, puisque vous
» m'ordonniez tout à l'heure de les ap-
» peler. — Marguerite, vous prenez
» parfois des licences, qui me déplaisent
» fort, je vous le signifie. Je suis votre
» maître, pour avoir toujours raison,
» entendez-vous ?

» Je vois, monsieur, lui dis-je, que
» vous êtes de ces gens qui promettent
» tout, et qui ne tiennent rien. Savez-
» vous que le chancelier de Birague est
» l'ami intime de madame la maréchale,
» et qu'il a des moyens sûrs de donner
» de la mémoire à un petit robin tel
» que vous? — Monsieur.... Je vous
» proteste.... Je vous jure.... »

Je le laissai finir sa phrase, et je descendis l'escalier, aussi promptement que je l'avais monté. Je courus chez le curé. Je fus reçu par une gouvernante, qui ne se servait pas de canne en béquille, et qui était loin d'avoir des cheveux gris. Elle me reçut d'un air très-affable, et me présenta à son maître. Je lui exposai le sujet de mon voyage, avec le moins de mots possible : je n'avais pas de temps à perdre.

M. le curé ne ressemblait en rien au président. Il avait la mémoire sûre, surtout quand il pouvait rendre un service à une dame aussi pieuse que madame la maréchale. Les mesures qu'il a adoptées n'ont jusqu'à présent produit aucun résultat heureux ; mais cela peut venir, me dit-il, d'un ton mielleux, très-propre sans doute à persuader.

« Finissons, je vous en prie, mon-

» sieur le curé. Quelles sont ces me-
» sures que vous avez prises, et dont
» vous attendez des effets satisfaisans? —
» Monsieur, j'ai publié à mon prône
» dimanche dernier, la jeune dame à
» laquelle vous vous intéressez si for-
» tement. — Vous l'avez publiée au
» prône! c'est à peu près, comme si
» vous aviez fait battre le tambour.
» Croyez-vous qu'une femme, qui se
» cache, se trouve sur le pavé comme
» une vieille perruque, ou un mou-
» choir de poche? vous n'êtes pas plus
» officieux que votre président. » Et je
lui tournai le dos.

Je rencontrai André, à qui je racontai ce que je venais de faire. Il me rit
au nez. « La plupart des hommes, me
» dit-il, flattent bassement les grands
» en leur présence. Ils les oublient dès
» qu'ils sont sûrs de n'en rien obtenir.

» Que voulez-vous que la maréchale
» puisse faire à Bergerac pour un prési-
» dent qui doit s'estimer heureux de
» garder sa place, et pour un curé qui
» publie des filles au prône? moi, Mon-
» sieur, j'ai été au fait. Il n'y a à Saint-
» Junien que deux communautés de
» religieuses. L'une est habitée par des
» filles, qui se consacrent au service des
» malades, et dont le premier devoir
» est d'être utiles aux malheureux. La
» dévotion vient ensuite, et ce n'est
» pas dans de telles maisons que se re-
» tirent celles qui se dévouent à une vie
» ascétique. Je n'ai pas pris la peine
» d'entrer à l'hôpital.

» La seconde maison est celle des
» Ursulines, et je n'y ai pas mis le
» pied. — Comment donc avez-vous été
» au fait? — Par mes réflexions, Mon-
» sieur, et je crois que vous les trouverez

» très-sensées. Une femme, qui prend la
» fuite, ne reste pas dans une petite
» ville, où elle sait qu'on la cherchera.
» Il est vraisemblable que madame de
» Mouchy aura marché pendant toute
» la nuit de son évasion, et qu'elle sera
» arrivée avec le jour à Limoges : cette
» ville est à peu de distance de celle-
» ci. Là, elle aura trouvé, pour se ca-
» cher, des ressources que ne lui of-
» frait pas Saint-Junien. D'ailleurs, elle
» n'avait pas d'argent; elle n'aura pu
» aller plus loin.

» Nous avons fait hier une marche à
» crever nos trois bêtes. Elles ont be-
» soin de repos. Notre hôte est obli-
» geant et bon. Laissons-les-lui, et al-
» lons à pied à Limoges. — Voilà une
» excellente idée. — Ou je me trompe
» fort, ou cette ville sera le terme de
» notre voyage et de nos recherches. —

» Que mon patron t'entende, et nous » exauce. Partons, André. »

Je n'avais pas dormi, et cependant je me sentais une vigueur extraordinaire. Les secousses de l'âme agissent directement sur le corps. La mienne me poussait à Limoges, et je brûlais le chemin. Quelquefois André me demandait grâce. Je ne l'écoutais pas, et il recommençait à trotter.

Je ne pensais qu'à Colombe; je ne voyais, je ne rêvais qu'elle, et André fit de vains efforts pour engager une conversation propre à me distraire, et à ralentir ma marche.

Nous entrâmes à Limoges. Nous ne fûmes pas une heure à obtenir des renseignemens positifs. On ne parlait dans toute la ville que d'une jeune fille, jolie, pieuse, éloquente comme sainte Thérèse, dont la voix pure, douce,

harmonieuse, donnait une idée des concerts des anges. « Et où est-elle ?
» — Chez les filles de Saint-Augustin.
» — Courons-y, André.— Vous y joui-
» rez, Messieurs, d'un plaisir ineffable.
» Elle doit chanter à deux heures.
» Toute la ville y sera. »

Nous volons, nous arrivons. J'interroge la tourière; je lui dépeins Colombe. C'est elle, c'est bien celle que je cherche avec tant d'ardeur et de persévérance. « Que je la voie, ma sœur,
» que je lui parle à l'instant même : il
» le faut absolument.— La sœur Sainte-
» Colombe ne peut voir personne sans
» l'agrément de madame la supérieure.
» Courez le lui demander, répondis-je,
» en mettant une pièce d'or dans la
» main de la tourière. Dites-lui que
» c'est l'époux le plus tendre, le plus
» passionné qui brûle de la revoir. —

» Depuis hier, Monsieur, elle n'a d'é-
» poux que saint Augustin. — Elle a
» prononcé des vœux ! Ils sont nuls, de
» toute nullité. Je les romprai ; je les
» anéantirai. » André me prit à travers le corps, et m'emporta dans la rue.

« Prenez garde à ce que vous allez
» faire, Monsieur ; ceci n'est pas un jeu
» d'enfant. Vous êtes dans une posi-
» tion cruelle, j'en conviens ; mais elle
» est assez critique pour que vous ré-
» fléchissiez avant que d'agir. — Ce
» n'est pas elle, André, ce n'est pas
» elle. Il y a tout au plus quinze jours
» qu'elle a quitté la maréchale, et les
» lois prescrivent un noviciat de six
» mois. — Hé bien, Monsieur, si ce
» n'est pas elle, nous chercherons ail-
» leurs. Mais attendez jusqu'à deux
» heures... — Attendre ! Je ne le puis !
» — La jeune épouse de saint Augustin

» doit chanter; les rideaux de la grille,
» qui donnent sur l'église, seront ou-
verts, et nos doutes se dissiperont. —
» Je veux la revoir à l'instant, à l'instant
» même.... La tourière s'est trompée;
» elle a confondu les personnes et les
» choses. Ce n'est pas Colombe qui a
» prononcé hier ses vœux; cela ne se
» peut pas.... Je veux la revoir, te dis-
» je, et ne veux plus t'entendre. » Un
effort violent me dégagea des bras
d'André. Il courut après moi, me saisit de nouveau, avec une force que je
ne lui connaissais pas, et me porta à
l'autre extrémité de la ville. Je criai,
je m'emportai, je menaçai; il fut
sourd.

Cette scène extraordinaire assem-
blait, autour de nous, une foule, qui
augmentait à chaque instant. « C'est
» un fils de famille, disait André, qui

» a perdu la raison, et que je conduisais
» à la maison des aliénés de Montmo-
» rillon. Il m'a échappé à Saint-Ju-
» nien.... — Non, je ne suis pas in-
» sensé. Je veux ma femme, qu'on
» retient, contre toutes les lois, dans
» le couvent des filles de saint Augus-
» tin. J'en briserai les grilles, et je l'en-
» lèverai. — Vous voyez bien, Mes-
» sieurs, qu'il extravague. De grâce,
» prêtez-moi main forte; je ne peux le
» retenir plus long-temps. »

Quatre hommes me saisirent et me mirent dans l'impossibilité de faire un mouvement. La colère m'égarait; ma bouche se couvrait d'écume; des mots entrecoupés m'échappaient, et donnaient à la fable d'André une apparence de vérité. « Il est furieux, di-
» saient les uns. Il faut s'assurer de lui,
» disaient les autres. Fort heureuse-

» ment, Messieurs, répondait André,
» ces crises violentes sont rares, et du-
» rent peu. Dans quelques heures il sera
» calmé, et il me suivra avec docilité. »
On me porta à l'hôpital de Limoges.
« Quel dommage, dirent les bonnes
» sœurs ! Si jeune, avec une figure si
» intéressante, être frappé de cette
» cruelle maladie ! Quel malheur ! »
Mes porteurs me déposèrent sur une
table. Je m'élançai à terre ; je me pré-
cipitai vers la porte; elle était fermée
à clef. Je la frappai de mes pieds et de
mes mains. On se saisit de moi encore.
André dénoua, dans un tour de main,
les cordons blancs qui tombaient devant
les robes de cinq à six sœurs; il prit,
dans le premier lit, un matelas, le jeta
sur la table, et on m'y attacha de manière à ce que je ne pusse penser à
m'échapper. André disparut.

Je sentis que je n'avais rien à attendre que de la persuasion. Je m'efforçai de rappeler, sur ma figure, le calme que rien ne pouvait ramener dans mon cœur. Je tâchai de ressembler à un homme qui sort d'un songe pénible. Je donnai à mes yeux et à ma voix l'expression de la douceur. Les bonnes filles ne perdaient rien de ce que je leur disais. Elles observaient avec satisfaction le changement qui s'opérait en moi. « Voilà la crise terminée, se di-
» rent-elles. — Oui, mes sœurs, et elle
» ne se renouvellera pas de plusieurs
» semaines. Infortuné que je suis! il
» faut que je perde ma liberté, et que,
» pendant de longs jours lucides, je
» sente l'excès de mon malheur! » Les femmes sont nées pour aimer; elles s'attendrissent aisément. Des larmes roulèrent dans les yeux des bonnes sœurs. Je

me plaignis de la douleur que leurs cordons me causaient aux poignets et aux jambes : en effet, les ligatures étaient serrées de manière à me faire souffrir. Elles parlèrent de me délier.

« Ayez pitié de moi, leur dis-je. —
» Mais serez-vous tranquille ? — Je
» vous le promets. — Resterez-vous
» avec nous, jusqu'à ce que votre gar-
» dien vienne vous reprendre ? — Ah,
» c'est mon meilleur, ou plutôt c'est
» mon unique ami ! — Pauvre jeune
» homme ! » Les cordons furent détachés, et rendus à leur première destination.

Je me promenai dans une vaste salle, avec une tranquillité qui eût trompé des femmes plus clairvoyantes que mes bonnes sœurs. Cependant une d'elles me précédait, une autre me suivait ; une troisième marchait à ma droite; une quatrième à ma gauche. Pauvres filles, que pouvaient-elles contre moi? Je leur souriais, et cela paraissait leur faire plaisir. Je leur contais que j'étais le petit-fils du fameux Antoine de Mouchy. « Ah, me » dirent-elles, le descendant de ce » grand homme est incapable de man- » quer à sa parole. »

Bientôt elles me serrèrent de moins près. L'une d'elles se détacha, et fut me chercher de quoi déjeûner. La digne fille m'apporta ce qu'il y avait de mieux dans la maison. Je n'avais rien pris encore, et je sentis, à l'aspect des alimens, que l'amour peut n'être que le second de nos besoins.

Les bonnes sœurs me choisissaient les morceaux les plus délicats. Elles me versaient un vin pur et bienfaisant. Elles prenaient un plaisir extrême à me voir fêter l'offrande de la charité chrétienne.

A mesure que je réparais mes forces, épuisées par une mauvaise nuit, et les scènes violentes de la matinée, l'image de Colombe se présentait à moi, avec un empire toujours croissant. Je me levai; je recommençai mes promenades par la salle, et j'examinai les localités. J'étais au premier étage, et les croisées donnaient sur une cour, au bout de laquelle était la grande porte d'entrée. Elle était ouverte, comme celles de tous les hôpitaux. Je trouvai, sous ma main, la vie de sainte Cécile; je la pris, et je feignis de lire.

Ma conduite avait dissipé les soupçons. Les sœurs reprenaient leurs fonctions, et ne me donnaient plus qu'une attention légère. La salle avait deux portes, à chacune desquelles l'une d'elles s'était assise, et travaillait de l'aiguille. Je m'élance, j'ouvre la croisée, et je saute dans la cour, au risque de me tuer. Je me relève, un peu étourdi de ma chute, et des cris partent de la salle que je viens de quitter. Un vieux portier se présente, et croit me barrer le chemin. Je suis forcé de renverser le bon homme et de lui passer sur le corps.

Je cours, je vole à l'église des Augustines. Elle chante.... Je reconnais sa voix, et je ne suis pas encore dans le temple saint. J'écarte, à droite et à gauche, tout ce qui s'oppose à mon passage; je fends la presse. Me voilà contre cette grille, qui est, pour moi, une barrière insurmontable. Mes mains ne peuvent l'ébranler.... Je vois ma Colombe, je la vois, je la regarde... Il me semble que la guimpe et le voile

l'embellissent encore. « Colombe, Co-
» lombe, m'écrié-je ! » Elle lève les
yeux sur moi ; elle me reconnaît ; elle
s'évanouit. Les chants cessent ; le grand
rideau se tire ; tout disparaît avec elle ;
je suis dans un désert.

La foule crie au scandale, à l'impiété, au sacrilége. Des forcenés se
jettent sur moi, et vont me mettre en
pièces. « Arrêtez, s'écrient deux ou
» trois individus. Ce jeune homme est
» l'insensé que nous avons porté, ce
» matin, à l'hôpital. » On me chasse
du lieu saint ; on me pousse dans la
rue ; je tombe dans les bras d'André.

« J'aimerais autant, me dit-il, avoir
» affaire au diable qu'à vous. Il faut
» que je vous aime bien pour conti-
» nuer à vous servir ! Ne rougissez-vous
» pas de vous porter à de tels excès?

« C'est avec du sang-froid, de la ré-
» flexion, qu'on parvient quelquefois
» à arranger une affaire délicate, et
» vous ne faites que des extravagances.
» Vous vous conduisez comme si vous
» vouliez perdre Colombe sans re-
» tour. — André, que faut-il faire?
» — M'écouter, et vous laisser con-
» duire.

» Pendant que je vous croyais en sû-
» reté à l'hôpital, je n'ai cessé d'agir.
» Je suis parvenu à voir la supérieure
» des Augustines. Voici, en peu de
» mots, ce qui s'est passé dans le cou-
» vent, depuis dix à douze jours.......
» Que diable regardez-vous toujours
» de ce côté? Vos traits se décompo-
» sent, votre poitrine se gonfle, vos
» poings se serrent. Prétendez-vous
» escalader le couvent? Rien n'est dé-
» sespéré encore; mais je vous déclare

» qu'à la première imprudence que
» vous vous permettrez, je vous aban-
» donne sans retour.

» André, mon cher André, rien n'est
» désespéré, dis-tu! Je me livre entiè-
» rement à toi. Mais parle ; tire-moi
» de l'état affreux où tu me vois. —
» Nous sommes ici en spectacle, et,
» en dépit de ce que je pourrais dire,
» ces gens-là vous remettraient, peut-
» être, dans la maison d'où vous vous
» êtes échappé. Marchez en homme
» raisonnable, et suivez-moi. »

On nous regardait aller, et on paraissait, à la fois, étonné et satisfait
de ma docilité. André me conduisit
en un endroit écarté des remparts. Il
me força à m'asseoir sur l'herbe. Cette
position ne convient pas à un homme
passionné ; mais celui qu'on contraint

à la prendre se calme insensiblement. André s'assit près de moi. Il appuya fortement ses mains sur mes cuisses, et il commença son récit.

FIN DU SECOND VOLUME.

TABLE

DES CHAPITRES CONTENUS DANS LE SECOND VOLUME.

Chap. Ier. M. de la Moucherie est introduit à la cour. 1

Chap. II. Le capitaine de la Moucherie éprouve un grand malheur. . . 48

Chap. III. Histoire d'André 93

Chap. IV. La Moucherie est admis dans l'intimité des plénipotentiaires du roi. 158

Chap. V. Catastrophes sur catastrophes. 206

Chap. VI. Antoine de Mouchy retrouve Colombe et se désespère. 250

www.ingramcontent.com/pod-product-compliance
Lightning Source LLC
Chambersburg PA
CBHW070748170426
43200CB00007B/702